ならずもの

井上雅博伝——
ヤフーを作った男

森功

講談社

ならずもの
井上雅博伝——ヤフーを作った男
目次

主要登場人物一覧

井上雅博《いのうえまさひろ**》**　本書の主人公。祖師谷団地で生まれ、社長としてヤフー・ジャパンを巨大企業に育てあげた

ヤフー関係

孫《そん》 正義《まさよし》　ソフトバンクグループ代表取締役会長兼社長。井上を見出し、ヤフー社長という大役を任せた

ジェリー・ヤン　「ヤフー・インク」創業者。井上と職務を超えた友人関係を築いた

宮坂《みやさか》 学《まなぶ》　元ヤフー・ジャパン会長。編集プロダクション「ユー・ピー・ユー」から、ヤフーに転職した

川邊健太郎《かわべけんたろう》　ヤフーニュース責任者や株式会社ＧｙａＯ社長などを経て、ヤフー・ジャパン社長

松本真尚《まつもとまさたか》　井上の懐刀として、ヤフーショッピング事業部部長やＣＩＯ（最高新規事業責任者）などを務めた

影山《かげやま》 工《たくみ》　ヤフー・ジャパンの初代編集長。井上とはソフトバンク総合研究所時代からの付き合い

西牧哲也《にしまきてつや》　元ヤフー・ジャパンＣＴＯ（最高技術責任者）。現在は「株式会社ココト」代表取締役社長

喜多埜裕明《きたのひろあき》　元ヤフー・ジャパンＣＯＯ（最高執行責任者）。元は学習塾経営の「桧林社」出身

梶川《かじかわ》 朗《あきら》　元ヤフー・ジャパンＣＦＯ（最高財務責任者）。野村證券出身

奥本直子《おくもとなおこ》　元ヤフー・インクのバイスプレジデント。ヤフー・インクと、日本との橋渡し役を担った

宮崎光世《みやざきこうせい》　ヤフーの初期のリードサーファー。東大大学院を中退して、ヤフーに入社した

児玉太郎《こだまたろう》　引っ越しアルバイトをしながら、中途採用試験を受けてヤフーに入った変わり種

小島涼子《こじまりょうこ》　ヤフー社長時代の井上の秘書を務めた。井上が社長を退任した後も交流が続いた

ソード関係

椎名堯慶《しいなたかよし》　PCベンチャー企業「ソード」の創業者。国内PC産業の黎明期を牽引した

浅川倫之《あさかわともゆき》　ソード時代の井上の部下。井上とともに、社長直属の商品企画課で働いた

プライベート関係

井上龍太郎《いのうえりゅうたろう》　井上雅博の父。医療業界出版社「じほう」の名物編集者だった

井上和子《いのうえかずこ》　井上雅博の母。祖師谷団地で井上を育てあげた

秋本康彦《あきもとやすひこ》　井上のクラシックカーの師。井上を「ペブルビーチ・コンクール・デレガンス」に連れて行った

赤尾嘉一《あかおよしかず》　インテリアプロデューサー。箱根の別荘のプロデュースを手がけた

入川秀人《いりかわひでと》　建築家。井上のクラシックカー仲間の一人で、ハワイのコンドミニアム購入などの相談にも乗った

玉塚恋《たまづかれん》(仮名)　女子プロゴルファー。井上が事故死した際、車の助手席に座っていた

ブックデザイン　鈴木成一デザイン室

ならずもの

井上雅博伝——ヤフーを作った男

写真

Paul McCarthy/Mendocinosportsplus
Dennis Gray
濱崎慎治
世田谷区立郷土資料館
アフロ
共同通信社
時事通信社
朝日新聞社
産経新聞社

序章
三〇億円の隠れ家

箱根・仙石原にある、
井上雅博の元別荘

知られざるプライベート空間

株式を公開して以来、会社の送り迎えはもちろん、取引先との会合などにもずっと社長専用のシルバーベンツを使ってきた。運転は、企業トップや各国要人警護専門のセキュリティ会社の派遣するドライバーがボディガードを兼ねて担う。社長専用車のナンバーは社名に倣《なら》った「品川８２８２」、ちなみにこの頃六本木ヒルズに構えていた本社オフィスの郵便番号も「一〇二―八二八二」だった。が、週末になると、社長専用車を使わず、自家用のレンジローバーで出社するようになる。

「金曜の夜は、なるべくアポを入れないでね」

社長室の秘書にそう指示し、取引先との会食も減らした。金曜の夕刻になると、英国製のＳＵＶ車を自ら運転して六本木ヒルズをあとにする。それが、いつしか社長室の決まりごとになっていた。

レンジローバーは東名高速から小田原市街を通過し、相模湾を背にして国道一三八号線を富士山に向かってのぼる。高さ二メートルのススキが生い茂った草原を抜け、曲がりくねった急勾配の坂を進み、ようやく目指す山頂近くの別荘用地にたどり着く。

住所は神奈川県足柄下郡箱根町仙石原字イタリ。別荘用地といっても、三〇〇〇坪を優に超えるだだっ広い原野が広がっているだけだ。だが、かえってそのほうがいい。一目見てその原野が気に入り、何度もここを見に来て別荘の建設計画を練っていった。

ヤフー・ジャパンが日本にインターネットを広め、日本経済全体がネットバブルと呼ばれた新興のベンチャー企業の景気に沸いた少しあとのことである。それまで東京港区の高級マンション「城山ヒルズ」に住んでいたソフトバンク社長の孫正義が、同区麻布永坂町に巨大な白亜の屋敷を建設して評判を呼んだ。敷地面積九六〇坪という途方もない地下一階地上三階建ての豪邸が世間の耳目を集めた。ちょうどそんな頃だ。

箱根の別荘用地を買った人物は、その孫の腹心中の腹心としてネット業界でその名を知られてきた。斯界では日本のインターネット産業を拓《ひら》いた男とも呼ばれる。もっとも、脚光を浴び続けてきたソフトバンク創業者の陰に隠れ、滅多に晴れやかな表舞台には立ったことがない。

それが事実上ヤフー・ジャパンを創業した元社長の井上雅博である。ネットバブルのおかげで、自ら生み育てたヤフー・ジャパンの株価が一億円を突き抜け、井上は使いきれないほどの莫大な財産を築いた。

そして、箱根に別荘をつくろうとする。二〇〇三年九月、この地の購入を即決し、建設計画を練っていった。箱根仙石原に残った未開の三〇〇〇坪の原野を造成し直し、母屋の工事に一年半かけ、そこからさらに二年かけて別棟を建設した。費やした工期はおよそ三年半、〇七年に完成した井上の別荘は、延べ床面積二四五七平米、七四四坪ある鉄筋コンクリートづくりの洋館だ。総工費は実に三〇億円に達した。

別荘はＩＴ業界でもほとんど知られていない。ヤフーのわずかな幹部、それに個人的な趣味で意気投合した仲間たちだけが知る井上のプライベート空間、隠れ家である。

許される贅沢

井上は住み込みのシェフを雇い、週末になるとゲストをもてなした。母屋のメインルームとなるおよそ五〇坪のリビングの真ん中には、米スタインウェイ・アンド・サンズ製のヴィンテージピアノが置かれ、ゲストたちは自動演奏されるジャズやクラシックの音色に酔いしれた。家具はほとんどがイタリア・カッシーナ製だ。リビングの大きなガラス扉を開くと、真っ青なプールの水面に富士山が映し出される。井上は別荘の竣工を祝い、真っ先に東京本郷ロータリークラブ幹事の秋本康彦を招待した。

「僕は子供の頃、団地住まいでした。狭い部屋で育ってきましたから、少しぐらい贅沢をしても、許されるんじゃないかと思いましてね」

井上がそう胸中を吐露した秋本は、日本を代表するクラシックカーマニアとして世界にその名を知られている。クラシックカーのコレクションにはまった井上にとって、その世界における師でもあった。

「あのときは、『少しどころじゃないだろう』って笑ったものですけどね。彼には、そのくらい大きな財産があった。自分自身が手にした莫大な資産について、これからどう使うべきか、それを真剣に考えていました。ただ単に金持ちが遊びほうけるっていうのではなく、資産を使って長く思い描いてきたある種の夢を具現化したかったんじゃないかな」

母屋と別棟をつなぐ七〇メートルの長い地下廊下の棚には、数え切れないほどのミニカーが飾られていた。その先が、別棟のクラシックカーガレージとなっている。むろんそれは単なる車庫ではない。井上は秋本にアドバイスを受けながらガレージをつくり、そこにコレクションしてきた一二台のヴィンテージカーを並べた。ガレージの床は大理石で、壁は一面鏡張りだ。

磨き抜かれてピカピカになったクラシックカーが鏡に反射し、ゲストたちは眩《まぶ》しさにたじろいだ。ガレージの壁の裏には、一万本を超えるワイン庫があった。井上のコレクションは車だけではない。

「そこはワインセラーというより、空調管理がしっかりできているガラス張りの部屋でした。外からズラリと飾られているワインが見える。入り口のドアが指紋認証になっていて、井上さん以外は誰も入れないんです」

井上にスカウトされ、ヤフー時代に井上のそばに仕えていた松本真尚《まさたか》は、別荘に招かれた数少ない幹部社員の一人である。とりわけ別荘のワインセラーが印象に残っていると話した。

「外から眺めて『アレを飲みたいんですけど』と頼んでみました。けど、ご自慢の高級なワインは絶対に飲ませてくれませんでした。『一つでもヴィンテージ（生産した年代）が抜けると、価値が下がるじゃないか』と怒るんです」

一説に、井上はロマネコンティを国内でいちばん多く所有してきた日本人だといわれる。ロマネコンティは世界で最も高価な仏ブルゴーニュ地方の高級ワインだ。松本が飲ませてもらえなかったというのは、その手の貴重なグレートヴィンテージワインに違いない。井上は単に嗜好するだけでなく、資産形成の投資目的もあってワインをコレクションしてきた。箱根の別荘に対する井上の入れ込みようは尋常ではなかった。あたかもインターネット産業を日本に広めようとしたときと同じくらいの熱量を趣味の世界にも注いだように感じる。
井上はヤフーの社長として莫大な財産を握ってからも、それをひけらかすような真似はせず、ひたすら自らの世界に没頭してきた。

新しいタイプのカリスマ経営者

言うまでもなくヤフー・ジャパンは、ソフトバンク創業者の孫正義が米ヤフーと事業提携を結んで立ち上げた日本法人である。米国のビジネスをそっくり輸入している。孫の始めた事業というイメージが強い。事実、一九九六年一月、日本法人としてヤフー・ジャパンを設立したときの初代社長には孫が就いた。

だが、実のところ、孫自身は日米のヤフーの事業そのものにほとんどタッチしていない。創業半年後に社長に座った井上が、日本におけるサイトのシステムをいちから立ち上げた。それが、日本におけるインターネットポータルサイトの草分けとなり、現在にいたっている。

井上は事実上のヤフー創業者であり、現在のヤフーがあるのは井上の功績だ、と孫を含め、関係者の誰もが口をそろえる。のちに米国にあった本家のヤフーは同業のＧＡＦＡに押されて廃業し、いまやヤフーと名のつくサイトの運営会社は日本にしか存在しない。それも井上の経営判断がもたらした結果といえる。

ヤフーという風変わりな社名は、ジェリー・ヤンとデビッド・ファイロという米スタンフォード大学の学生が起業したときに考案された。社名をガリバー旅行記に出てくる野獣「ヤフー」から付けたとされる。粗野で型破りな「ならずもの」という意味があるから、二人が自虐的に社名に選んだとの説がある。となると、ヤフー・ジャパンを創業した井上は「ならずもの」集団の日本代表の地位に就いたことになる。なお、本稿では米国の会社を米ヤフー・インクまたはヤフー・インクとし、日本のそれはヤフー・ジャパンあるいは単にヤフーと表記する。

ヤフーはインターネット黎明期の日本のオンライン事業を牽引《けんいん》し、ＩＴ業界の盟主としての地位を築いてきた。二〇〇〇年代初頭、ネット業界はＩＴバブルの崩壊やリーマンショックに見舞われたが、ヤフーだけはびくともしなかった。実に二〇年近くも増収増益を続け、ヤフー・ジャパンはソフトバンクグループの大黒柱として、莫大な利益をもたらしてきた。紛れもなく超優良企業といえる。

国内の競合サイトを駆逐し、ヤフーを国内最大のポータルサイトに育てた井上は、幹部社員たちにこう宣言した。

「インターネットは新聞、テレビ、出版の三大メディアに追いつき、追い越す」

ＩＴ業界には、そんなヤフーをつくった井上の信奉者も多い。半面、はにかみ屋でマスコミ嫌いのため、その存在自体、世にあまり知られていない。

井上雅博は二つの顔を持つ。繰り返すまでもなく、一つは日本のインターネット産業を拓き、いちからヤフーをつくりあげてきた経営者の顔である。いわばネットの世界におけるカリスマ経営者だ。

その井上がある日とつぜんヤフーの経営から身を引いた。二〇一二年六月の株主総会を最後にヤフーから去り、ＩＴ業界が騒然とする。社長の在任期間は実に一六年。会長や相談役などとして居残ることもなく、きっぱりと社業と縁を切った。社長退任以来、一度も会社に出勤していない。ソフトバンクグループの事業にもいっさいかかわりをもっていないという。その引き際の謎は社内だけでなく、ＩＴ業界全体に語り継がれてきた。

井上は引退後、趣味の達人となり、クラシックカーをはじめ、ワインや音楽の世界に没頭した。箱根の別荘建設はいわば経営者としての井上の絶頂期でもあったが、引退後のための準備だったといえなくもない。そのもう一つの井上の素顔については、ビジネスの関係者たちはもとより、ヤフーの社員たちでさえ、ほとんど知らない。それどころか、詳細なプロフィールすら明らかになっていない。

ＩＴビジネスのカリスマ経営者はいったいどこで生まれ、どのように育ったのか。いかにしてインターネットのテクノロジーに触れ、業界のパイオニアとなったのか。

ＩＴのカリスマ経営者と趣味人。取材を進めるうちに知った井上の姿は、日本の伝説的な実業家のそれとはまったく異なっていた。事実上という冠をつけなければならないように、豊田喜一郎や松下幸之助、盛田昭夫や井深大といった会社の創業者ではない。また楽天の三木谷浩史や同い年の孫正義といった自己主張の強いタイプの経営者でもない。

社長退任と同時に、経済界でその動向が注目されてきた。ヤフーを去って消息が途絶えたまま五年が経ったそんな折、米国から日本に訃報が飛び込んできた。それがクラシックカーレースの事故だった。

第一章

突然の死

二〇一七年、井上のお別れの会で
祭壇前に立つ孫正義

報じられなかったレース事故

二七回目を数えた二〇一七年のそのロードレースには、例年どおり出場資格を許された七〇台のヴィンテージカーが、北カリフォルニアに集結していた。大会組織委員会がレースのルートを毎年変え、出場者は四月の最終週の四日にわたり、米西海岸の田舎道およそ一六〇〇キロを走る。いわゆる耐久レースだが、パリ・ダカールのそれとは、まるで趣が異なる。

欧州の貴族やファッションブランドの名だたるオーナーたちが年代物のヴィンテージカーを持ち込み、レースに挑む。形の上ではタイムを競うが、出場者はむしろ自らのコレクションの歴史や品格を誇るために参加し、そこは大富豪たちの社交イベントと化す。それがこのレース、「カリフォルニア・ミッレ・ミリア」である。

第二七回カリフォルニア・ミッレ・ミリアは、四月二四日月曜日に始まった。午前八時半、在カリフォルニア州イタリア総領事のロレンゾ・オルトナがフラッグを振り、出場者たちがメイソンカリフォルニア通りの黄金の門橋を渡っていった。

出場選手の第一関門は二六日午前八時の出発までの走行距離だ。ルールにより、前日の二五日の夜までに一九一マイル、三〇七キロを走行しなければならない。悲劇が起きたのは、その二五日のことだった。

第二次大戦前に製造された一九三九年型の白いジャガーが独特のエンジン音を響かせ、サンフランシスコから北カリフォルニアの西海岸を北上した。海沿いのハイウェイ一号線を快調に飛ばし、いよいよ一二八号線の山道に分け入った。それまで一〇メートル以上あったすこぶる見通しのいい平らな道幅が、そこから急に細くなる。杉林がびっしりと茂った薄暗い空間に、ときおり春の木漏れ日がさす幻想的な森林エリアだ。ところによっては、道幅が五メートルほどしかない。それでもジャガーはスピードを落とさない。曲がりくねった急勾配の坂道を懸命に駆けのぼっていった。

事故はそこで起きた。速度一〇〇キロを超えるジャガーが左カーブを曲がり切れず、ハイウェイから飛び出した。運悪く、その先を直径三メートルの大木が立ちふさいだ。

ジャガーは大木に正面衝突し、大破してしまった。後続車による通報を受けたハイウェイパトロールが駆け付けると、フロントボディが無残にひしゃげ、炎を上げている。乗っていた男女二人のうち、男は息絶える寸前だった。

カリフォルニア・ミッレ・ミリアは、一九二七年から五七年までイタリアで開催されていたミッレ・ミリアを引き継いだクラシックカーレースだ。走行距離の一〇〇〇マイルは、伊語のmille migliaに由来する。もとは、イタリア半島北部のブレシアから南下してローマへと向かい、ローマから逆に北上してブレシアへ戻る。イタリア半島の公道を走る伝説的なカーレースだ。

スポンサーの撤退後、二〇年間中断していた本家イタリアのミッレ・ミリアが七七年に再開され、そこから世界各国で同じ名称のクラシックカーレースが開かれるようになる。カリフォルニアのそれは、九一年から始まった。いまや本家のイタリアと並び、世界で最も格式高いクラシックカーイベントとして知られる。

もっとも、レースに誰が出場し、どのようなレースが展開されているか、日本ではほとんど報じられない。世界のエスタブリッシュメントの集うクラシックカーコレクターによる特別なレースだけに、不用意に氏素性を報じるべきではない、というある種の忖度《そんたく》が地元紙に働いているからかもしれない。事故があった当日の現地の新聞もまた、死亡した男性について、肩書はおろか、姓名も報じていない。死亡した人物については、ホノルルの男性とだけ記されていた。

〈ヴィンテージカーのドライバーが、メンドシーノ郡をツアーしていた際に激突して死亡〉

毎年出場する日本人

四月二五日付の「The Press Democrat」には、そのときの記事が掲載されている。同紙はサンフランシスコに近いカリフォルニア州サンタローザで発行されている。地域最大の発行部数を誇る日刊紙だ。そこに短くこう書かれていた。

〈カリフォルニア・ハイウェイ・パトロール（ＣＨＰ）によると、カリフォルニア・マイル・ビンテージ・カー・ツアーに参加していたホノルルの男性が、乗っていた一九三九年型Ｖ－１ジャガーがハイウェイ一二八の路肩付近の木に激突し、火曜、メンドシーノ郡で死亡した〉

記事には、パトカーの前方にある三九年型ジャガーの写真も掲載されている。さすが戦前の最高傑作と評されるだけあって、その姿は美しい。タイヤが大きく、ボディが流線型を描いている二人乗りのオープンカーだ。ドアには出場ナンバーの8がはっきりと見える。その名車のフロント部分がクラッシュして痛々しい。記事はこう続く。

〈午後二時半頃、ナヴァロ付近のハイウェイ一二八を東に向かって走行していた。ＣＨＰによると、理由は不明だが、車は道路から外れて土と草がある路肩を走行し、大木に激突した。男性はシートベルトを締めておらず、身体の一部は車から出ていた〉

男は車から半身が投げ出されたような格好で大木に打ち付けられ、病院に運ばれたが、間もなく死亡した。ジャガーには日本人女性が助手席に同乗しており、記事はそこにも触れている。

〈（女性は）サンタローザ記念病院に搬送されたが、火曜夜の時点では深刻な状況だ〉

なぜ男がシートベルトをしていなかったのか、そこは不明だが、同乗の女性はシートベルトをしていたおかげでかろうじて一命をとりとめたという。

世界中のクラシックカーマニアが集うカリフォルニア・ミッレ・ミリアに毎年出場し、悲運の最期を遂げたホノルルの男性とは、いったい誰か。なぜそこで事故を起こしたのか――。

ヴィンテージカー収集家のあいだではむろん、世界の富裕層で評判になった。社交の場でもあるカリフォルニア・ミッレ・ミリアの出場者のなかには、シャンパンやワインを飲んだあと、レースに臨む強者もいるという。したがって地元警察も調べたのだろう。

〈CHPは、アルコールが事故原因ではないとみている〉

地元紙の記事はそう締めくくっている。事故は事件性がないと判断された。

そして、さほどときを置かずして死亡したレース参加者の身元が日本に伝わる。井上雅博はカリフォルニア・ミッレ・ミリアに毎年出場する日本人として、地元で有名だった。すぐに六〇歳になったばかりのヤフーの元社長だ、と知れ渡り、訃報が太平洋を飛び越えて関係者を驚かせる。

事故の起きた二〇一七年四月二五日午後二時半は、夏時間で一六時間時差のある日本だと二六日午前六時半にあたる。井上のヤフー時代に一〇年以上にわたって秘書として仕えてきた小島涼子が、記憶を呼び起こしながら、寂しそうに語った。

「驚きました。出社してすぐ、米国のヤフーにいた日本人の女性幹部の奥本（直子）さんから、フェイスブック・メッセンジャーで連絡があったのです。奥本さんはもともと米国と日本のヤフーの橋渡し役をやっていた方で、（ヤフー・インクの創業者である）ジェリー・ヤンとも仲がよかった。井上さんはずっとジェリーさんと友だち付き合いをしていましたので、彼女も社長退任後、井上さんと交流があったのだと思います。そうしてあの日、とつぜん『いま電話で話せる？』とメッセージが入ってきたんです。詳しいことはわからないというけど、私は急ぎ一報を受けました」

米ヤフー・インクの元バイスプレジデント、奥本直子にも当時のことを聞いた。

「最初に連絡した相手は、社長だった宮坂（学）さんで、そのあとに広報の件もあるので小島さんに伝えました。亡くなったのが井上さんだとわかってはいましたが、ご遺族に確認していただくまでは公表してはいけないと思い、それをヤフー関係者のあいだで徹底しました」

井上自身は社長退任後、ハワイで暮らすようになり、ハワイを拠点に世界中を旅していた。小島はこうも振り返った。

「井上さんのお誕生日が二月一二日なので、まさしく六〇歳になられてすぐのことでした。還暦のお祝いとして私も『今度、赤い物をプレゼントしますね』とやりとりをしていたところでした。井上さんからは『ありがと、東京へ行ったら、またご飯を食べましょう』というようなごく普通の返事が届いていたような……」

カリスマ経営者の唐突な死は、あとを託されたヤフー・ジャパンの社員たちにとっても、ことのほか重大事だった。記者発表は、親族による本人確認を待ち、事故から三日後の二九日におこなわれた。すでに黄金週間に入っていた。

孫正義の弔辞

ヤフー・ジャパンは事故からひと月半後の一七年六月一二日、午後一時から東京のホテルニューオータニで、井上雅博を偲ぶ「お別れの会」を開いた。そこではソフトバンクグループ社長の孫正義やヤフー・インク創業者のジェリー・ヤン、ヤフー・ジャパン社長の宮坂学が弔辞を読み、関係者九七〇人が二万二二〇〇本の白い菊の花に彩られた大きな遺影に手を合わせた。

「いまちょっと風邪で申し訳ないんだけれど、先ほどロンドンから帰ってきました」

井上の後継社長となった宮坂学に続き、読み上げた孫の弔辞は参列者の笑いと涙を誘った。

「井上君に会うといつも言われててね、『孫さん、がんばりすぎだよ。体壊しちゃうよ』。そうやっていつも心配してくれていた井上君が、僕より先に亡くなるなんて、信じがたい。寂しいですよ」

井上は大学卒業後、コンピュータ事業の「ソード電算機システム」に入社した。そのソード時代に孫と出会い、ソフトバンクにヘッドハンティングされた。

「ソードで井上君が社長室長をしていて、僕は井上君に日本のパソコンの生みの親の一人として、いろいろと教えを請うたり、アドバイスをいただいたりしました。

そのあとソードが東芝に買収されて、『大きな会社は君には合わないだろう』と、『ソフトバンクに来ないか』と誘いました。そこから（付き合いが）始まりましたね。僕の社長室長として経営全般についていろいろアドバイスして、ということで、社長室に入ってもらって……」

三〇年来の付き合いだという二人のあいだには、ソフトバンクグループの関係者にも知られていない風変わりな絆があった。

「（孫の前に弔辞を読んだ）宮坂君が井上君から『横着しちゃいかんよ』と一〇〇〇回くらい言われたと聞きました。けど、おかしいよ。僕は井上君に『おまえみたいに横着なやつはいないよなー』って、いつもそう言ってたよね。少しはそれを聞いていたのかな」

孫は遺影に語り掛けながら、二人で海外出張したときの次のようなエピソードを披露した。

「当時いろんな会社を買収しよう、とアメリカなんかに出張しましたね。カバンの中にいっぱい書類を入れ、PC（パソコン）を持ち歩いて、両手にたくさん重たい荷物を持っていたよね。で、信号待ちでふと気づくと、両手に荷物を持っているのは僕で、悠々とタバコを吸っていたのは井上君なんだよな。

いよいよ堪《たま》りかねて井上君に『ひとつくらい（荷物を）持ってくれんか。だいたい社長室長ってのは、カバン持ちじゃないのか』というと、はじめて気づいたような顔をして、『僕、腰が痛いんですよね』って……。仕方がないからそのまま僕が両手で持って歩きました」

周知のように、孫正義は数多くの企業買収をし、ソフトバンクグループを大きくしてきた。極めて強い個性と積極経営で勇名を馳せてきた。くだんのエピソードは、米企業の買収交渉のために二人で米国内を走り回っていたときのものだ。稀代のギャンブル経営者と称される孫が、初めて大当たりした投資先がヤフー・インクだった。井上は、慎重さに欠ける孫にとっての大事なブレーキ役でもあったという。

「『孫さん、あんまり前のめりすぎるよ、もうちょっと冷静に考えたらどう?』っていつもたしなめてくれたのは井上君だし。僕は君のそんなちょっとしたアドバイスにふと我に返って何度も救われた」

そこから弔辞は、ヤフーの創業期の話に移った。

「『おまえはもう俺の下で社長室(長)とかは務まらん。ソフトバンク本体じゃなく、小さい会社で社長をやってみるか』といってやらせたのが、ヤフー・ジャパンでした」

さらに孫はこう続けた。

「やはり人には器ってものがあるんですね。部長とか課長をやらすとどうしようもない男が、社長をやらすととつぜん大変身して大活躍する。日本のインターネットは、ヤフー・ジャパン=日本のインターネットといっても過言ではないところまで会社を築きましたね。

もし井上君じゃなく、もうちょっとマジメなやつに社長をやらせていたら、おそらくヤフー・ジャパンは途中で行き詰まっていたんじゃないかなと思います。ただマジメに言われることをやっていく、それじゃ社長は務まりませんもんね。

だから（あなたは）こんなに成功したと思うし、だからこんなに多くの社員に慕われ、多くの日本のインターネットのユーザーに大切に使っていただいた。井上君はヤフー・ジャパンの社長になるために生まれてきた男かもしれません」

資産一〇〇〇億円のサラリーマン社長

ヤフー・ジャパンは創業から二年足らずのちの九七年一一月に店頭公開市場のジャスダックに株式を公開した。一年半後の九九年五月には、株式の時価総額が一兆円を突破する。さらに翌二〇〇〇年に入ると、一株あたり一億六〇〇〇万円という途方もない株価をつけ、株を手にした草創期の重役や社員は軒並み億万長者になった。

文字どおり、その代表が社長だった井上雅博である。井上はストックオプションという自社株の割り当て制度や自らの投資のおかげで、莫大な財産を築いた。一説によれば、総資産は一〇〇〇億円とも、それをはるかに上まわるともいわれる。

事実上の創業社長ではあるが、私財を投じて事業を立ち上げた事業家ではない。一介のサラリーマンからここまで成りあがってきたのである。

「井上さんはヤフーを創業しましたが、ひとつの企業の設立というだけにとどまらない。日本のインターネット産業をつくったといったほうが適切でしょう。だから起業家ではなく、産業家なんです。スマートフォンをつくったアップルのスティーブ・ジョブズやアマゾンのジェフ・ベゾスと同じように、井上さんはインターネットの産業家なのです。だから、われわれでは敵いません」

井上に後継指名されて社長になった宮坂はこう言った。その宮坂から二〇一八年六月、社長と最高経営責任者（ＣＥＯ）を禅譲されたのが、川邊健太郎だ。

「ヤフーは井上さんがつくったサービスなんです。今もそれを僕たちがお預かりしている。現在のビジネスはこれまでのＰＣ事業からスマートフォンの世界でそれを大きくできるか、という話にすぎません」

川邊は井上のことをこう表現した。

「井上さんはノーリスクのサラリーマンとして、日本で最も成功をおさめた人です。それは間違いない」

ジェリー・ヤンの信頼

二〇一七年六月に東京・赤坂で催された故・井上雅博の「お別れの会」には、米ヤフー・インク創業者のジェリー・ヤンも姿を見せた。

「四月二五日（日本時間の二六日）、私たちは業界のパイオニアでビジネス界のリーダー、ここにいる多くの人たちのよき助言者を失いました。と同時に、私は親愛なる友人を失いました」

ヤンの惜別の言葉は、こう始まった。

「思いがけず親友を亡くしたときの心情は、はかり知れないものです。衝撃、不信、拒絶……。さまざまな思いが私のなかを駆け巡りました。きっと皆さんもこの知らせを聞いたときに同じ思いをされたことと思います」

ヤンは一九六八年一一月六日、台湾台北市に生まれた。還暦を迎えて間もなく命を落とした五七年生まれの井上とは、一一も歳が離れている。井上が他界したときはまだ論語でいう知命の五〇にも届いていない。ちなみに孫正義は井上と同じ五七年の八月一一日生まれだ。

〇七年六月一九日の英BBCニュースによれば、ヤンは二歳で父親を亡くし、一〇歳のとき母や弟とともに米国に移住したという。カリフォルニア州サンノゼの高校を卒業したのち、シリコンバレーの名門スタンフォード大学に進んだ。数々の才人を輩出してきたスタンフォード大では、電気工学を専攻して九〇年に理学士号、その後理学修士号を取得している。九四年四月、同じく博士課程に在籍していたデビッド・ファイロと出会い、ウェブサイトの運営を始めた。それが起業のきっかけとなる。

ヤンとファイロの二人は、相当な日本通でもあった。九二年、京都にあったスタンフォード日本センターに交換留学生としてやって来た彼らは、そこに一年在籍して日本語や日本文化を学んだ。日本の留学時代には、大相撲に魅せられ、大の相撲ファンになったという。ヤンはのちに自らのワークステーションを「アケボノ」と命名し、ファイロは検索エンジンを「コニシキ」と名付けていたほどだ。また留学生時代に人類学者の山崎晶子と日本で出会ったヤンは、五年の交際を経て九七年に結婚する。

ジェリー・ヤンとデビッド・ファイロはベンチャーキャピタルからの出資を得たあとの九五年三月、正式にヤフー・インクを設立した。のちにグーグルをはじめとしたGAFAに押され、会社は消滅するが、米シリコンバレーにおける成功物語の主役の一人であるのは論を俟《ま》たない。世界にインターネットを広めた先駆者といっていいだろう。ヤフー・インク設立から一年後の九六年には、早くもベンチャー企業向けの米ナスダック市場への株式公開を果たし、創業者として資産一億ドル（一二〇億円）を手に入れて億万長者になる。

実はこの米国の本家ヤフー・インクの成長には、日本の資金提供が大きくものを言っている。企業の成長を支えたスポンサーがソフトバンクの孫であり、資金提供を決めた後ろには井上がいた。井上はこの若いヤフー・インクの創業者たちと公私の隔てを超えた友だち付き合いをしてきた。お別れの会でヤンはこう弔辞を続けた。

「私には、井上さんとのさまざまな素晴らしい思い出と時間が残されました。早すぎる旅立ちでしたが、それでも多くのことを成し遂げた偉大な人の思い出と、二〇年以上にわたった私たちの友情を彩るいっしょに過ごした時間が……」

ソフトバンクの孫や井上がヤンと知り合ったのは、ヤフー・インクの創業間もない時期にあたる。

「私は、孫さんがヤフーに初めて投資した一九九五年、井上さんと出会いました。今でもそうですが、孫さんは情熱的で壮大なビジョンをお持ちの先見者です。それで、できるだけ早いヤフー・ジャパンの創設を望んでいました。アメリカのヤフーはまだまだ小さな会社で、そのような野心的な試みなど考えてもいなかった」

ヤンの弔辞はソフトバンクグループの代表である孫正義への気遣いも垣間見られるが、事実、孫は大学生が立ち上げたばかりのポータルサイトに目をつけ、海のモノとも山のモノともわからない時期に日本法人の設立を働きかけた。ヤンの読み上げた弔辞では、そのあたりの経緯まで振り返った。

「私は孫さんに、ヤフー・ジャパンを運営するためには、孫さんの最も優れたマネージャー、それもアメリカのテクノロジー企業を理解し、電光石火の速さで動ける人が必要だと言いました。孫さんは二人を指名しました」

その一人が実弟の泰蔵だ。

「泰蔵さんは、プロダクト（プログラム）をローンチ（立ち上げ）する上でキーパーソンでした。日本のウェブサイトを集めるため大勢の『サーファー』を動員し、信じられないやり方でわずか数週間の内にゼロからプロダクトを作り上げました」

ＩＴ用語なのでややわかりづらいが、東大生だった孫泰蔵が、学生アルバイトを動員し、日本でヤフーのシステムおよびサービスを立ち上げたことを指している。そしてもう一人が、井上である。順番から言えば井上が先である。孫は井上をヤンに紹介し、ヤフー・ジャパンの設立を任せた。

「井上さんは、いかなる嵐の中でもいつも冷静で、初めてお会いしたときから、落ち着いた揺るぎない実力者でした。クレイジーなアイデアの実現可能性をチェックする人で、井上さんがプロジェクトや事業計画、新たな取り組みに『イエス』と静かに頷いたときは、その取り組みが高品質な成功をおさめることを確信できた瞬間でした」

概して弔辞は故人の業績を讃えるものであるが、それにも増してヤンは井上を評価し、敬愛してきた。井上に対するヤンの思い入れは人一倍強い。

「井上さんの優れたリーダーシップのもと、ヤフー・ジャパンは、日本で最も大きなテクノロジーの会社へと成長しました」

ヤンはこう井上を絶賛した。

「ヤフー・ジャパンを築き上げる二〇年近くの間には、数え切れないほどたくさんの忘れられない瞬間がありました。日常の中で何度も繰り返された取締役会や戦略会議。と同時に、東京証券取引所に上場した瞬間のようなハイライトも数多くありました。井上さんは、東日本大震災のような危機においても冷静沈着なスタイルで、思いやりがあり、エネルギーに満ち溢れたリーダーシップを発揮しました」

米国のインターネットを引き入れ、日本で最も成功したサラリーマンは、まだ戦後の匂いを引きずった高度経済成長の走りに生まれた。

「僕はここで育ったんだ」

ヤフー・ジャパンの社長として財を成してからも、そう言ってしばしばごく親しい友人とともに生家に立ち寄った。東京都営の公団住宅に、井上雅博の原風景がある。

第二章 都営団地が生んだ天才

昭和三〇年代の世田谷・祖師谷団地の様子

小学校の卒業アルバム

原点はマンモス団地

〈ぼくは当時副社長だった城戸（四郎）さんの部屋に出頭を命じられた。よい知らせであるわけがない。びくびくして部屋に入ったところ、いきなり「君が山田君か。いい本を書いてくれてありがとう」と城戸さんが片手を差し出したのである。大きな柔らかい手だった。そしてポケットから擦り切れた財布を取り出し「少ないけれど、これでおでんでも食いたまえ」と一万円札を三枚、手渡した。ぼくは跳び上がるほどうれしくて、祖師谷の団地にとんで帰って妻にその金を渡したものだ〉

一九九六年一〇月一九日付の日本経済新聞「私の履歴書」一八回目に、映画監督の山田洋次が、自らの貧乏暮らしのエピソードをこう描いている。補欠採用で松竹に入社した頃のエピソードである。山田は六二年、坂本九主演のミュージカル映画「九ちゃん音頭」の脚本を任され、それが松竹中興の祖といわれた副社長、城戸の目に留まった。やがて城戸に引き立てられた山田は巨匠と呼ばれるほどの名監督になる。

結婚したばかりの山田は、新妻のよし恵とともに世田谷区にできたばかりの東京都営「祖師谷《そしがや》団地」に住んでいた。そこは一九五六年、東京都住宅協会（現ＪＫＫ東京都住宅供給公社）によって建設された。のちに全国の主要都市でブームとなった〝マンモス公団〟の走りであり、山田夫妻はその第一号入居組だ。

今の祖師谷団地は、すっかり老朽化し、入居者の高齢化が著しい。ヤフーの井上もまた、できたばかりのこのマンモス公団で生まれ、育った。

「俺の原点は、ここなんです」

生前の井上は仕事の合間を縫い、個人的に親しかった友人とともに愛車で祖師谷団地に立ち寄り、そう懐かしんだ。クラシックカー収集仲間の入川秀人《いりかわひでと》もまた、井上に連れられていっしょに団地に向かった一人である。

「暇さえあれば、ドライブがてら祖師谷団地に行っていたのを思い出します。といっても、特定の家を訪ねるわけではなく、ただ団地の周囲から眺めているだけ。僕もちょっと複雑な家庭に育ちましたので、そんなとき何となく井上さんとは通じ合うものがあるような気がしました。あれだけの男なのでね、原体験は人と違ったんじゃないかな。

子供の頃は一人で遊ぶことに慣れていたそうです。オタクといえばいいのか、パソコンゲームや車などの趣味にしても、仕事にしても、物事を突き詰めていく。彼の性格はこの団地時代に育まれたのではないでしょうか」

終戦後間もなく一家そろって満州から引き揚げて来た山田洋次は、映画監督失格の烙印を押されていた苦しい時代にここで暮らした。かたや井上家では、結婚したばかりの両親が運よく公団入居の抽選を引き当て、安アパートから移り住んだ。実は井上自身、長じて結婚した頃、この都営のマンモス団地で新婚生活をスタートさせている。都営のマンモス団地は、映画界の巨匠とインターネット界のカリスマ経営者という二人の才人を生んだ。

戦後を引きずりながら

井上雅博は祖師谷団地が完成した翌五七年二月、高度経済成長が始まった頃に生まれた。父は龍太郎、母は和子という。上野寛永寺にある井上家の墓標を見ると、龍太郎は〇六年一二月六日に鬼籍に入っている。「行年八二歳」となっているので、大正の終わり頃の一九二四年か、二五年生まれだろう。

のちのIT業界の巨人は、この龍太郎の血を受け継いでいる。実弟の賀博《よしひろ》との二人兄弟の長男だ。とりわけ長じるまでの一家の暮らしぶりは、父親の存在抜きには語れない。龍太郎は井上にどのような影響を与えたのか。まずは、その足跡をたどってみた。

往時の井上龍太郎は戦後、医療専門業界紙の編集者ならびに記者として活動した。終戦から六年を経た五一（昭和二六）年、千代田区神田駿河台にある医療業界出版社「じほう」に勤務し始め、活動を本格化したようだ。同社のホームページによれば、じほう社の創業は一九二二（大正一一）年六月と古いが、会社設立自体は五一年六月となっている。戦時中はなんらかの理由で休業していたようだ。つまり龍太郎は戦後に改めて会社が設立されたのと同時に、ここに入社したことになる。

現在、「じほう」の三代目社長として社業を受け継いでいる武田正一郎に会うことができた。

「井上龍太郎さんは終戦後、会社が営業を開始した際のメンバーの一人でした。当時は社員もわずかで、編集、取材、記者とフル回転でわが社を引っ張ってくれた功労者です。当社の機関紙『日刊薬業』を立ち上げたときの編集長でした。最終的な肩書は取締役編集局長となっていました」

そう話した。武田は雅博より八歳上というから七〇歳を過ぎている。六八年前の会社設立時はまだ子供なので会社にはいなかったが、龍太郎のことはよく覚えているという。

「じほう」の設立、つまり龍太郎が医療業界出版社に入社したのは、日本経済が終戦の痛手から立ち直る契機となった朝鮮戦争勃発の翌年にあたる。朝鮮特需と呼ばれた戦争景気により、日本は復興のきっかけをつかんだ。

半面、第二次大戦の爪痕もまだまだ生々しく、都心の片隅には、戦地から引き揚げた敗残負傷兵や戦災孤児が駅や公園で暮らす姿もあった。復興の光と戦争の影を引きずりながら、日本社会が激しく変貌していった。

そんな時代にあって、龍太郎の働いていた「じほう」では、それまで週二回の発行だったニュースレターを日刊のタブロイド新聞「日刊薬業」に変え、収益をあげた。現社長の武田が振り返った。

「龍太郎さんは絵に描いたような善良な性格で、部下に慕われていました。お酒が好きで、毎日のように部下を誘って飲みに行っていました。神保町二丁目の稲岡ビルにあった『ライター』という酒場や蕎麦屋の『浅野屋』がお気に入りでしたね」

神田駿河台には、今も零細医療器具メーカーや小さな業界出版社がひしめく。現在の「じほう」HPには、一八年一月現在従業員一二三人とあるが、むろん当時はそんなにいない。「じほう」は、山田洋次監督の映画「男はつらいよ」に出てくるだんご屋の裏手にあった印刷会社のような小さな会社だったのだろう。

わずかな社員たちが働く家族経営に近い中小企業だった。今も昔も中小企業の経営は楽ではないが、その分、家族経営ならではの温かさもあった。

流行りの団地族

井上の父龍太郎が「じほう」に勤めていた頃は、武田の父親が二代目社長として会社を切り盛りしていた。編集長の龍太郎はさしずめ中小企業における番頭のような存在だったに違いない。

その頃まだ子供だった三代目社長の武田は、龍太郎の息子である幼い井上と仲がよかった。顔を綻《ほころ》ばせながら、八つ年下の当人を「雅博ちゃん」と呼んだ。

「当時は社員数も少なく、正月になると社員たちが家族を連れて私の自宅にやって来て祝い、けっこう長居をしておりました。その中に、(井上)雅博ちゃんと弟の賀博ちゃんもいましたね。記憶に残っているのは、まだ三つか四つの頃の雅博ちゃんです」

続いて「じほう」の同僚だった稲辺富雄が言った。

「会社では毎年夏になると、社員が家族を連れて小田原に海水浴に行く行事がありました。井上さんも、ご家族を連れて来られていて、ご家族といっしょのときは子煩悩な親でした。

でも、会社ではご家族の話題など、いっさいしない。というより、仕事と遊びの境のあまりない、ものすごい量の仕事をこなす人でした。私の仕事のやり方は、ほぼ井上さんに教えてもらったようなものです」

稲辺は龍太郎より四年遅れの五五年に入社した後輩社員だ。もっとも龍太郎は、小さな医療業界出版社にとどまっていられるような性質ではなかったようだ。龍太郎の意外な一面をこう語ってくれた。

「井上さんが会社にとっての功労者なのは間違いありませんが、社長との間に、軋轢《あつれき》があったのだと思います。定年まで『じほう』にいたわけではなく、途中でやめた。その頃は、他社でもうちと同じような医療専門誌を発行していたので、どこでも仕事はできました。井上さんであればなおさらだったでしょう。現に井上さんは『医薬経済』という雑誌社に迎えられ、少なくともそこで四、五年は仕事をしていました」

取締役編集局長だった龍太郎は「じほう」の株を五％所有していた。稲辺は龍太郎が亡くなる前、その株の処分について相談を受けた、とこう話した。

「井上さんはもともと胃腸が弱く、あとあとそれが悪化したのだと思います。『医薬経済』にいたとき体調を崩して引退されました。亡くなられる前に会うと、『株を手放すのはいいけど、社長の武田一族名義になるのは嫌だな』と申しておりました。株をどうしたのか知りませんが、それほど嫌な思いをしていたのでしょうかね」

前述したように龍太郎は〇六年に他界している。井上自身、実母の和子や実弟の賀博とともに父親を野辺送りした。

一方、実母の井上和子は今も健在である。和子は龍太郎が「じほう」に勤め始めた頃に知り合い、結婚した。見合いが当たり前の当時としては珍しく、恋愛結婚だった。二人は都内の安アパートを借りて新婚生活を始めた。

折しもそこに都営のマンモス団地の建設計画が持ちあがり、応募したところ、抽選に当たったという。一家が団地に入居したのは、井上が生まれる一年前のことである。

新宿から小田急線で三〇分ほどの祖師谷団地は、総面積二万三〇〇〇坪という広大な敷地に建設された。鉄筋コンクリートで造られた二階建て、四階建て、五階建てという三種類の棟が、三七も林立している。周囲をゆっくり歩くと、一時間近くかかるだろうか。

東京都住宅公社の古い資料は、〈各戸にバルコニーと浴室を持ち、共同施設に集会所（94坪）託児所（１０６坪）管理事務所（40坪）広場（１２００坪）児童遊園（１０００坪）がある〉と紹介している。

都内最大の総戸数一〇二〇は、１ＤＫと２ＤＫの二タイプに分かれる。どれも東京都内にある現代のマンションなどと比べると、かなり狭い。１ＤＫで二四平米、２ＤＫは三五平米というのが、平均的な部屋の床面積である。

団地の築年数は、優に六〇年を超える。入居開始当初は、大卒サラリーマンの初任給が一万円前後だった時代だ。その年収に応じ、家賃は三八〇〇円から五〇〇〇円のあいだに設定されていた。当時のアパートの家賃相場にしては、やや高かったかもしれない。

それでも団地の人気はものすごかった、と住人たちは口々に懐かしがる。井上の叔母にあたる山崎昇子も、祖師谷団地に住んできた。

「姉夫婦は結婚して間もなく、アパートから団地に越してきて、雅博が生まれました。今でこそ古くなって、建物はいたるところにガタが来ていますけれど、昔の団地は最新のモダンな部屋といわれれた。入居するには所得制限があったし、なかなか入れなかったのです」

井上家と山崎家、東京都のマンモス団地に移り住んだ姉妹の家族同士が、互いの部屋を行き来してきたのだという。彼女はずっと身近で暮らしてきただけあって、井上家のことにはすこぶる詳しい。

「私の子供が、雅博の弟の賀博の三つ年下でね、まるで三人兄弟のように、姉の息子たちといっしょに仲よく育ちました」

昇子はアルバムを引っ張り出し、思い出を語った。彼女は小、中、高とずっと井上の成長を見守ってきたという。

「雅博も賀博もしょっちゅううちに遊びに来ましたから、それはよく知っていますよ。二人とも健康そのもので病気などほとんどしませんでしたし、食べ物の好き嫌いもなかった。とくに雅博はケンカ一つしないおとなしい男の子でした。半分は私が育てたようなものですから、雅博の写真は私が一番持っているの。ほんとに手のかからない、いい子でした。家庭が穏やかだったからではないかしら。雅博には不思議なくらい反抗期らしい反抗期がなく、親に逆らったところを見たことがありません」

井上家における父龍太郎の存在と印象について、尋ねてみた。こう話した。

「仕事のことは知らないけれど、龍太郎さんはお酒もタバコも麻雀も大好きな人でした。よく家に会社の人を呼んでは麻雀をしていましたから、それは家がにぎやかでしたよ。雅博もそんな様子を見て育ちました」

井上家は流行《はや》りの「団地族」であった。

ＳＦ・手塚治虫好きの少年

井上雅博の実母和子は、かつて一家が暮らした東京都営の祖師谷団地を離れ、現在は都内の住宅街でひとり暮らしている。そこを訪ねた。

「あの子はごく普通に育ったので、とくに話すことなんてありません。試験前に朝まで勉強していることもよくありましたから、勉強は得意だったかもしれません。でも決して天才だなんて思いません。団地で遊ぶ普通の子です」

そう言葉少なく、静かに語った。ビジネス界でこれ以上ない成功をおさめた息子について、謙遜しているというより、むしろ本心からそう思っているように感じた。

「雅博がお腹《なか》にいたとき団地の入居が決まったんです。あの頃の祖師谷団地は入居希望者の競争倍率が高かったものですから、なるべく抽選に当たりやすいよう、狭い部屋を選びました。団地内で三回引っ越しをして、少しずつ大きな部屋に移りました。住み始めると、とても便利なので、家を建てようなんて考えもしませんでした。最後に住んだのは、以前に山田洋次監督がお住まいになられていた部屋でした」

井上一家や山田洋次の暮らした祖師谷団地は、高度経済成長期の象徴のような存在だった。ここを皮切りに、全国に公営団地が建設され、とくに若い所帯の入居希望者が殺到した。核家族化が進んでいった時代でもある。

入居が始まって間もない一九五〇年代末の祖師谷団地の入居者は、実に新婚夫婦世帯が八〇％を占めた。夫婦にはやがて子供が生まれ、その家族は「団地族」と呼ばれるようになる。

多くの家庭では父親のサラリーだけで暮らしを支えるに足りず、母親もパートアルバイトをして家計を助けた。小学生の子供が部屋の鍵を首からぶら下げる「鍵っ子」という言葉が生まれたのもこの頃だ。家長が親兄弟の面倒を見てきたそれまでの日本人のライフスタイルが、大きく変わっていった。

共働きを始めた主婦が子供を預けるため、祖師谷団地には床面積一〇〇坪を超える大きな託児所が設けられ、さらに一二〇〇坪の広場や一〇〇〇坪の児童遊園までつくられた。それらは生活の変化に応えようとした東京都による行政サービスの一環でもあった。

実母の和子が長男の少年時代に思いを馳せた。

「父親が読書好きで、子供たちにも好きな本を好きなだけ自由に読ませてあげたいと考えましてね。あの子たちには、地元の書店のツケで本を買うことができるようにしました。それで雅博は土曜日になると、いっぱい本を抱えて家に帰ってきました。分野を問わずいろんな本を読んでいて、たとえば『宇宙英雄ローダン・シリーズ』もそう。家の書棚には、第一巻からシリーズ本がすべて並んでいました。たいてい父親が先に読んで雅博と弟が次なのですが、早く読みたくて我慢しきれず、同じ本が家に二冊あったりしました」

ＳＦ小説「ローダン・シリーズ」は、井上が四歳だった一九六一年にドイツで刊行された。早川書房がそれを翻訳し、七一年にシリーズの「大宇宙を継ぐ者」と題して日本で発売した。井上が中学校三年生、一四歳の頃だ。和子が言葉を加えた。

「その他、家には手塚治虫さんの『火の鳥』や『鉄腕アトム』などの漫画もたくさんありました。雅博は、とにかく本を集め始めると最初から最後までシリーズをそろえる。それは、大人になっても変わりませんでしたね」

ＩＴ業界の成功者には、なぜかＳＦ小説ファンが多い。さしずめ井上は、その代表格だろう。

小田急線の祖師ヶ谷大蔵駅から商店街を一〇分ほど歩くと、井上一家の暮らしたマンモス公団が目の前に広がる。日本のインターネットのパイオニアを育てた祖師谷団地を改めて訪ねてみた。

ウルトラＱを生んだ街

団地の入り口付近には、昔ながらの個人商店が立ち並んでいる。その一つ、「松阪牛」と幟《のぼり》がはためいている精肉店に聞くと、子供の頃の井上が学校帰りに立ち寄った店だという。本人は揚げたてのコロッケが好物で、おやつ代わりに買っていたそうだ。

東京都に尋ねたところ、完成当時月額三八〇〇～五〇〇〇円だった祖師谷団地の家賃が、今は１ＤＫで三万六四〇〇円、２ＤＫだと五万四〇〇〇円ほどに値上がりしているという。物価の上昇スライドを考慮すれば、かなり割安ではある。半面、六〇年の歳月を経た建物や施設は、かなり古くなり、あちこち補修が目立つ。

かつて若い新婚夫婦が暮らした真新しいモダンな住まいのイメージはもはや感じられない。団地の住人たちの暮らしぶりもまた、すっかり様変わりしていた。敷地内の広い広場で小学生くらいの子供たちが遊んでいたので声をかけてみると、団地に住んでいるわけではなく、近くのマンションから遊びに来ているのだという。現在の祖師谷団地の住人の多くは高齢者で、なかには井上の叔母のような独り住まいも少なくない。

祖師谷団地の六〇年の歳月を井上少年が暮らした時代に巻き戻してみた。

井上雅博は一九六三（昭和三八）年四月、近所の世田谷区立祖師谷小学校に入学した。そこに六年間通ったあと、六九年四月に区立船橋中学校に進んだ。それが団地族の子供たちにとってお決まりのコースでもあった。

母親の和子の言うように、少年時代の井上は他の子供たちと比べ、取り立てて際立ったところがない。もっとも、地域にはある種の特徴があった。小中学校の同級生の一人、石田光広が次のように街を解説してくれた。

「振り返ってみると、祖師ヶ谷大蔵というエリアは不思議な土地柄でした。大きな団地と昔ながらの商店街がある。そのまわりには、いたるところに畑や空き地も点在していました。近くには、あの円谷《つぶらや》プロもあったしね」

石田は現在、稲城《いなぎ》市の副市長を務めている。それだけに街を詳しく観察してきたようだ。念を押すまでもなく円谷プロとは、円谷英二が始めた世界的な特撮映像の制作プロダクションである。

「円谷さんの家が商店街の中ほどで、少し離れたところに撮影で使う大きな倉庫がありました。そこに『ウルトラQ』や『ウルトラマン』に出てくる怪獣のぬいぐるみがいくつも吊るされていて、私たち子供が勝手に入って触っていました」

多士済々の人種

石田の母親は内職で家計を支えてきたという。石田が六〇年代の祖師谷の情景を瞼《まぶた》に浮かべながら、こう語った。

「私の母が洋裁仕事を引き受けていましてね。その一つが円谷プロから依頼される怪獣の着ぐるみの修理でした。たとえば着ぐるみのチャック（ファスナー）の部分をなおすのですが、母はよく『着ぐるみの生地が分厚すぎてミシンが使えない』とこぼしていました」

祖師谷は世田谷区内ではあるが、成城や野毛などの高級住宅街ではない。もとは古くから住んできた地主や商店主が暮らす長閑《のどか》な下町だった。そこに突如、マンモス公団が出現して人口が爆発的に増えた。団地に住み都心に通う新たなサラリーマン家庭の流入とともに、街には多士済々の人種が集うようになった。団地ができて発展した祖師谷商店街には、映画館もあった。バスガイドの乗ったボンネットバスが、その狭い商店街の通りを往来し、駅まで住人を運んだ。

もともと地域の住人だった円谷英二が、特撮を始めた時期がまさにこの頃である。前述したように、近隣の団地には若かりし頃の山田洋次のような映画関係者や売れない小説家なども住んだ。稲城市副市長の石田が、言葉を加える。

「小学校の同級生の親の職業は実にさまざまでした。学者や作家の父親がいる一方で、タクシー運転手や肉体労働者もいました。一戸建てに住むお金持ちの子がいれば、商店の子もいるし、都営住宅の子もいて、とにかくここらにはいろいろな階層の人が住んでいました。生まれも育ちも、食べ物も考え方も違う。そんな子供たちがなぜか仲よくいっしょに遊んでいたんですから、不思議といえば不思議でした」

子供たちの遊び場が、祖師谷団地の広場や公園だった。金持ちもいれば、貧乏育ちもいる。井上は子供心に少しばかりそれを意識していたかもしれない。ただし、友だち同士では互いに決して表に出さなかった。長嶋茂雄の登場でプロ野球人気が沸騰し、子供たちは決まって巨人軍の帽子をかぶり、広場で野球をした。

「とにかく多種多様な要素の詰まった街で、私は井上と小学校も中学校も同じでした。同じルートで中学校に通っていたので、彼が住んでいた団地の家にも、遊びに行ったことがあります。私は（中学校で）卓球部だったけれど、井上は運動をしていなかったと思う。急に背が伸びて、ひょろっとしていた印象ですね」

小学校と中学校の同級生として、石田が井上について振り返った。

「彼はどちらかというと群れに交わらず、一人でいることが多かったように思います。何と言ったらいいかわからないけれど、精神的に大人だったのかもしれません。といっても、いつも一人きりで孤独だったわけではなく、仲間外れにされるようなこともなかった。頭はよかったけれど、飛び抜けていいわけではない。ものすごくかっこよかったわけでもないし、女子にもてるタイプでもなかった。でも、他の小中学生たちとは雰囲気が違っていましたね」

物静かで目立たない本好きの子供――。少年時代の井上雅博については、同級生たちだけでなく、家族や親戚もまた、似たような印象を語る。

趣味の目覚め

井上は高校に通うようになり、音楽に目覚めたようだ。祖師谷団地に六〇年以上住み、雅博が生まれた頃からその成長を見守ってきた井上の叔母、山崎昇子はこう話す。

「雅博たちがツケで買える本屋は祖師谷商店街の『一文』という店でした。また高校時代には、レコード屋さんの『スミ商会』にもよく立ち寄っていました。『スミ商会』のあとに『一文』書店というのが、あの子のいつものコースでしたね」

井上は父親のおかげで本をよく読み、音楽にも興味を持った。叔母の昇子は甥の成長を微笑ましく感じ、見守ってきた。

「レコード盤集めも趣味で、クラシック、ロック、ジャズとさまざまなジャンルの音楽を手当たり次第という感じで、何でも聴いていましたね。『スミ商会』には入り浸っていました」

行きつけだった「一文」書店やレコード店「スミ商会」は、小田急線の祖師ヶ谷大蔵駅と団地のあいだの祖師谷商店街にあったが、現在は閉店している。書店のあった家を訪ねると、店主が当人のことを覚えていた。

「ああ、(雅博は)クラシックのレコードを買って、それを持ったまま、うちの店によく来ていましたよ。私もクラシックが好きだから、それが妙に記憶に残っています。でも、うちでどんな本を買って読んでいたのか、なぜかそこは記憶にありません」

ヤフー・ジャパンの社員たちに少年時代の井上のことを尋ねても、誰も知らない。だが、会社でSF小説を好んで読んでいる姿は、たびたび目撃されている。また音楽好きなのも、知られていた。井上はヤフーの社長時代、南青山の「ブルーノート」の常連となる。しばしば部下や取引先を連れ、日本のジャズの聖地とされるその名店で生演奏を聴いていた。それもまた、高校生の頃からの憧れだったのかもしれない。

父親の龍太郎は、息子に遊びも教えた。叔母の昇子はそれも印象深いという。

「お父さんの龍太郎さんは酒もよく飲んでいましたけど、麻雀が大好きでした。会社の人を呼んでは雀卓を囲んでいました。それで、子供の雅博にも麻雀を教えていました。なぜかというと、会社の人が来ないとき家庭麻雀をするためです。龍太郎さんと私の夫、姉、それに雅博がいれば、四人そろうでしょ。そうして雅博もあっという間に麻雀を覚えてしまいました。座ったきりで何時間もやっていましたね」

生来、スポーツはからっきしだったが、高校時代にはSF小説や漫画、音楽と娯楽に熱中した。ただし、それも取り立てて珍しくはない。

地元の船橋中学校を卒業した井上は七二年四月、東京都立松原高校に進んだ。都立高校でいえば、日比谷や戸山、西といったところが、数十人の東大進学を誇る名門だが、松原高校はそこまでではない。これもまた普通である。

日本が目まぐるしく変わった頃の都営祖師谷団地では、一〇〇〇世帯を超える家族が暮らしてきた。そこで生まれ育ったＩＴ業界のカリスマ経営者の少年時代を知る人々は、一様にのちの井上雅博の姿を想像できなかったと言った。

「あの井上君が？　本当ですか」

そんな反応をする友だちばかりだ。井上少年は周囲から将来を嘱望されるような天才でも、秀才でもなかった。ＩＴ業界最大の成功者と呼ばれるようになるまでには、もう少し時間がかかる。

普通の高校

読書や音楽好きの目立たない少年が、日本のインターネット産業の幕を開けるほどの経営者に成りあがった。本人も認めるように、その原点は都営のマンモス団地と祖師谷という街にある。井上雅博が通った祖師谷小は、みのもんたや田村正和、坂本龍一といった卒業生の母校でもある。平凡なサラリーマンから個性ある映画人や音楽家まで、多種多様な人々が住んだ一九六〇年代の祖師谷は、ある種、移り行く日本の縮図のようでもあった。

「井上君とは、高校三年生のとき同じクラスになったことがきっかけで話すようになりました。私はラグビー部、彼は運動部には入っていなかったので、それまで話したことはおろか、二年生までは、その存在すら知りませんでした」

井上が卒業した七五年の都立松原高校の同期生へ連絡をとっていくと、宮坂修史にいきあたった。

「へぇ、そうなんですか、ヤフーの社長だった？　そういえば、井上雅博というヤフーの元社長の姓名は知っていたけど、それがあの井上君だったとはね。今の今まで、まったく気づきませんでした」

三年生時のクラスメートだった宮坂はそう驚きを隠さない。奇しくも宮坂はパソコン通信「ニフティ」に創業期から勤務してきた経歴を持つ。それゆえ同業者であるヤフーのことには関心があり、社長の姓名も知っていた。だが、まさかそれが高校のクラスメートだったとは、想像もつかなかった、と正直に話した。宮坂が井上の高校時代の印象を語る。

「僕はラグビーをやっていた関係もあり、どちらかというと周りはやんちゃな友だちが多かったんです。けど、井上君はタイプがぜんぜん違う別の生き物のようでした。何といえばいいか、嫌味がなく、サラッとした男でしたね」

東京の都立高校は、明治以降に創設された東京府立の旧制中学を戦後に改めて発足した。以前の旧制府立中学はできた古い順にナンバリングされ、一八七八（明治一一）年創設の府立一中が日比谷高校だ。それらは国立大学と同じように、「都立ナンバースクール」と呼ばれ、一九六〇年代前半には東大進学を競った。

ちなみに一中の日比谷のほか、四六校あった都立ナンバースクールのうち一〇校を挙げると、二中が立川で、三中が両国、四中が戸山、五中が小石川、六中が新宿、七中が墨田川、八中が小山台、九中が北園、十中が西だ。

やがてそんなエリート進学校に対し、学歴偏重批判とともに、学校格差が問題視されるようになる。都の教育長小尾《おび》乕雄《とらお》は一九六七年、高校入学時の学校群制度の導入を決め、学力レベルの平均化を図ろうとした。

結果、東京都は、都内、都下の全域を一〇の地域に分け、都立高校を受験するのは学区内に居住する中学生と規定する。その東京都に倣い、公立高校の学校群制度が全国に広がっていった。

東京の第一学区は永田町にある日比谷や九段、三田など、第二学区が戸山や新宿、青山や都立大附属、第三学区が西、練馬、荻窪といった具合だ。一方、学校群制度の導入が、開成や麻布といった私立や筑波大附属など国立大系の高校の台頭を招き、おかげで都立高校の学力レベルが相対的に落ちていった。

そこに危機感を抱いたのが都知事の石原慎太郎だ。〇三年、都立高校の学区制度を廃止する。以来、旧都立ナンバースクールが復活し、日比谷などは一六年、五三人が東大に合格する全国屈指の進学校に返り咲いた。

渡辺美里も赤軍派もいた

井上が松原高校に入学したのは、学校群制度の導入から五年後の一九七二年のことだ。まさに学歴社会への批判が盛り上がっていた時期にあたる。高校や大学の平等が叫ばれ、多くの都立高校生徒の学力が低下していった。

井上の入学した松原高校は世田谷区桜上水にあり、旧第二学区に属していた。決して進学校とは呼べなかった。参考までにいえば、現在の松原高校の偏差値も五〇に満たない。高校には学力成績の上位者もいれば、入学当初から大学進学など眼中にない生徒までいた。だが、井上のクラスメートである宮坂には、進学校への引け目を感じる様子もない。

「松原は他の進学校より自由でしたからね。いろんな生徒がいました。七〇年安保の学生紛争のあとだったので、なかには赤軍派かぶれした生徒もいましたし、もちろん進学しない者もいました。そうそう、私たちが卒業した後に入ってきたラグビー部のマネージャーは、のちに歌手になる渡辺美里でしたよ」

宮坂は母校の自由な校風を愛してやまない。

「近くの日大櫻丘なんかは、制服で通学しなければなりませんでしたけど、私たちは私服でOKなんです。それをいいことにタバコを吸ったり、雀荘に入り浸ったり、パチンコしたり、喫茶店でだべったり……。実におおらかな時代でした」

井上との思い出については、こう話した。

「井上君は、まるでフォークシンガーが穿くような裾広がりのラッパズボンを穿いていましたね。上着はカーキ色のアーミージャケット。髪の毛が長くて、ドラマ俳優の中村雅俊みたいでした。下高井戸駅の近くの喫茶『ぽえむ』で、学校帰りの放課後にタバコを吸いながらいっしょに過ごしました」

宮坂は、祖師谷団地の井上家にもしばしば遊びに行ったという。

「給水塔が建物の屋上にあったのが、印象に残っています。高校の友だちは持ち家の子が多かったので、団地住まいは井上君だけでした。狭い彼の部屋にステレオがあって、レコードがたくさん並んでいました。行くといつも音楽を聴いている。その蘊蓄《うんちく》がとにかくすごかった。ジャズやボサノバ、僕の知らないようなことをなんでも知っていました」

調子のいいナンパな大学生

フォークソングやロックミュージックの全盛期であり、その手の音楽に詳しい高校生は珍しくなかった。だが、ボサノバにはまっていた生徒は滅多にいないだろう。いっしょに喫茶店に行くと、コーヒーの蘊蓄まで始まるのだそうだ。

「妙にそれをはっきりと覚えています。コーヒーを飲みながら『透明感のあるワイン色のコーヒーが美味しいんだぞ』って言う。サラッとそういう知的なことを口にする。それが、何となくかっこよく聞こえたものでした。どこか超然としていて、高校生なんだけれど大人びていた。僕たちとは違う別のところを見ているような、そんな感じかな」

松原高校を卒業した一九七五年四月、井上は飯田橋にある東京理科大学に進んだ。専攻は理学部数学科である。大学時代の同級生にも話を聞けた。

「理科大は一学年に二クラスしかなく、私は井上君と一年と二年で同じクラスで、三年からのゼミもいっしょでした。あの頃の井上君は、学校には来ていたけど、登校しても『ちょっと、どこかに遊びに行かない?』と誘う。それで、よく神楽坂の喫茶店に行って話をしていましたね」

およそ四〇年前の大学時代について記憶を呼び起こしてくれた澤田ひろみ(仮名)は、ガールフレンドというより、単なる友だちといったところだそうだ。東京理科大に限らず、当時は理系の大学に進学する女学生が珍しかった。

井上自身は、真面目な学生とは言いがたかったようだ。高校までは大人しいタイプだったが、大学に入ると人並みに色気づいた。学問や研究、スポーツにはあまり興味を示さず、むしろ気軽に女子学生に声をかけるナンパなタイプである。ひろみがこう笑う。

「井上君の思い出といっても、いっしょに授業をサボったことぐらいしか、思い浮かびません。彼がちゃんと四年で卒業できたのは、私のおかげだと自負しています。井上君は、サボった講義の穴埋めのために真面目な女の子に『ノートを貸して』と頼むのです。でも、『なんで授業をサボっているあんたにノートを貸さなくちゃいけないのよ』と怒られていました。それで、仕方なく私がその真面目な女の子に頼んでノートを借りてコピーし、彼に渡していました。井上君は決して馬鹿ではありませんが、かなり調子のいい子でした」

実は本人には、高校時代から付き合ってきたガールフレンドがいたという。

「私も一度、高校の同級生だったというその彼女に会ったことがあります。あるとき井上君が手作りの編み込みの可愛いベストを着ていて、『彼女が作ってくれたんだ』と自慢するのです。それで、『すごいね』と褒めると、『なんなら、一回会ってみる?』と……。それで三人で渋谷で会った記憶があります。彼女はあっけらかんとした子でした。渋谷のラブホテル街を歩いていると、とつぜん彼女が『三人で入ったら面白いだろうね、ホテルはどんな顔をするかな』と言いだした。面白い女の子でした」

一九七〇年代に東京理科大の学生生活を送った井上は、戦後間もなく生まれたいわゆる団塊の世代より一〇歳ほど若い。この頃の大学生には、六〇年、七〇年安保に憧れ、反戦を掲げて学生運動の真似ごとをするようなタイプも数多くいた。またフォークシンガーやグループサウンズのメンバーが、ロングヘアーにパンタロンスタイルという団塊世代のファッションを広め、井上もそれを好んだ。

豊かになりつつあった社会の中で、イデオロギーや政治にはまったく興味を示さない学生も少なくなかった。井上は、むしろそちらのほうだったようだ。同級生などの話を聞くと、少なくとも政治に関心のあるタイプではないように感じる。それでいて、独自の趣味の世界を持っていた。小学生時代から、SF小説に没頭した。高校時代には、流行していたフォークやロックだけでなく、クラシックやジャズまで聴き、友人に蘊蓄を講釈するほど詳しくなっていた。趣味や遊びに熱を入れ、大学生活を謳歌した。それは反戦運動や政治に酔った団塊の世代とも異なった青春だった。

井上がのちにパソコンやインターネットの技術に精通するようになるきっかけは、東京理科大の数学科に入学したおかげだと伝えられてきた。だが、それはかなり違う。

実力差は歴然

「理大では三年生になるとゼミに入ります。彼は数学科の岡沢登先生のゼミに入り、一、二年に続いて私といっしょでした。専攻は数学の基礎解析学です。でも、どういう研究かと聞かれても、説明するのが難しいですね」

先の澤田ひろみはそういう。井上が通った理学部数学科ゼミの教授、岡沢登にも聞いてみた。

「当時のゼミは生徒が一四～一五人いました。ただ、井上雅博君といわれても、まったく覚えがありません」

ゼミの先生にとっても、井上は印象が薄いという。

「私の専門は数学の解析学で、微分積分の兄貴分のような学問です。ゼミでは、『卒業研究』として、基礎的な英語の本を読んだりしていました。しかし、当時は卒論もありませんでした。うちの大学は（数学系の）教員を供給するという考え方が強く、ゼミが研究レベルに達していたわけでもありませんので……」

多くの学生は高校の数学教師になるため、理大に入学していた。井上も他の学生と同じように、教員免許を取得しているともいう。井上もそんな学生の一人だった。

前に書いたように、ヤフー・インクの創業者であるジェリー・ヤンやデビッド・ファイロは、シリコンバレーのスタンフォード大学院で電気工学を学び、そこから検索エンジンの会社を立ち上げた。井上も同じように理系の東京理科大を卒業している。だが、その研究実績や学力は米国のベンチャー起業家たちとは歴然とした差があった。井上は、大学でコンピュータや情報通信の世界に接したわけでもない。

学生時代の友人たちを取材すると、そろって「まさかあの井上君が」という反応を示してきた。その理由を少しだけ理解できたように感じた。

井上は東京理科大に通っていたこの時代、コンピュータの技術に関心を抱くようになる。きっかけはアルバイトだった。

第三章

タイムマシーン経営の原点

ソード時代の井上（右）と椎名堯慶（左）

パソコンとの出会い

ソフトバンクの孫正義は、郷里の福岡県久留米大学附設高校を中退して短期留学したときから、米国に憧れを抱いていたのだろう。カリフォルニア大学バークレー校経済学部時代に自ら考案した自動翻訳機をシャープに売り込んだことが、起業のきっかけだと聞く。

孫はヤフーのサイト運営をはじめ、ビジネスが急成長した一九九〇年代後半から二〇〇〇年代にかけ、自らの経営手法について好んで「タイムマシーン経営」と表現した。「米国の流行がのちに日本で流行る」という発想から、米国のビジネスをいち早く取り入れ、日本で再現して成功したといわれる。孫が胸を張ってきたタイムマシーン経営の成功体験が、ヤフー・ジャパンの創業にほかならない。

「今もそんなに変わらないと思いますが、ソフトバンクという会社の本業は商社なんです。タイムマシーン経営の意味するところは、流行りの商品をアメリカから日本に輸入するビジネスです。今は輸入する国が中国やインドに代わっていますが、当時のソフトバンクは、米IBM互換機やウィンドウズ、ネット・ウェアのようなネットワークOS（システム全体を管理して動かす基本のオペレーティングソフト）なんかを日本に持ち込み、相当稼がせてもらいました」

ヤフー・ジャパンの立ち上げから井上とともにタイムマシーン経営を体験してきた影山工《たくみ》は、その意味についてそう語る。

米ヤフー・インクを見つけてきたのはたしかに孫に違いない。一方、井上は、ソフトバンクがジフ・デービスやコムデックスといった米国のコンピュータ関連企業の買収に片っ端から乗り出した際、軍師として孫を支えた。ヤフー・インクへの出資を進言し、海外の企業買収交渉を担った作戦参謀である。

孫は井上の「お別れの会」でその出会いに触れ、「日本のパソコンの生みの親の一人として、いろいろと教えを請い、アドバイスをいただきました」とまで持ちあげた。井上にほれ込み、三顧の礼をもってソフトバンクにヘッドハンティングしたとも伝えられる。実際は特別に厚く遇してソフトバンクに迎え入れたわけではなく、詳細はページを改めるが、孫がコンピュータにおける井上の知見を必要としたのは間違いない。なぜ、井上がそこまでできたのか。

実は本人がコンピュータに目覚めたのは、ものの弾みといってもいい。学生時代にたまたま出会ったアルバイト先が、この世界へ導く入り口となる。それがソードというパソコンベンチャーだった。ソードの体験が、のちのヤフーにおけるＩＴビジネスの下敷きになっている。

ヤフーの幹部社員をはじめ、長じた本人をよく知る友人の多くは、井上のことを「オタク」と表現する。平たくいえば、自らの興味を貪欲に追求する凝り性タイプだ。その凝り度合いが並外れている。井上はのちに別荘に専用ガレージをつくり、日本屈指のクラシックカーマニアとなる。そのオタク性は少年時代に少しずつ醸成され、大学生のときにさらに強まっていった。

世界を驚かせたパソコンベンチャー

「俺は自動車部にいたから、車の解体や組み立ても朝飯前だよ」

井上は車のコレクター仲間だけでなく、ヤフーの社員たちにも、そう得意げに話した。必ずしも優等生ではなかった東京理科大時代の自慢が、自動車部にいたことだったのかもしれない。ヤフーの社長秘書だった小島涼子もその自慢話をしばしば聞かされてきた。

「自動車部にいたおかげで、井上さんは実際に持っている車を一度バラバラにし、元どおりにできるんだそうです。ただし、なぜか作業を終えると、必ずネジが一本余ってしまうらしい。『でも、走れるから大丈夫なんだよ』と冗談みたいなことを言っていました」

東京理科大時代の自動車部活動自体、学生の道楽に近い。だが、入れ込みようは、生来の性分なのだろう。実母の和子は、メカニック好きのそんな息子を優しく見守ってきた。

「雅博が高校生のとき、オートバイが流行りましてね。あの子と同世代の地元の男の子が転倒して亡くなる事故までありました。本人も乗ってみたいと言っていたけど、バイクは危ない。だから主人と私は猛反対しました」

井上の両親は、とりたてて教育熱心でも、品行に口やかましくもない。井上はむしろ父親から家庭麻雀に誘われるような大らかな家庭に育った。また井上自身、親に反発して家出するような不良タイプでもない。井上は素直にオートバイに乗ることをあきらめたという。

「バイクを我慢したので、理科大の合格発表があったあと、自動車の普通免許を取る許可を出したのです。大学生になり、主人が中古の白い（日産）ブルーバードを買ってあげました。いちばん初めに雅博が運転する車の助手席に座ったのが私。団地の周辺をぐるっとまわってもらってね。はじめから運転がとても上手で、少しも怖くありませんでした」

和子が息子との思い出を語った。

「雅博は大学一年生の夏休みに友だちの実家のある青森までドライブ旅行していました。また家族四人そろって、一〇日間かけて北海道を車で一周したこともあります。主人は免許を持っていなかったので、そのときは雅博がずっとハンドルを握っていました。車に乗るのが楽しくて仕方がない様子でしたね」

本人は自動車部で活動するかたわら、アルバイトを始めた。そのアルバイト先が、パソコン開発ベンチャーの「ソード電算機システム」である。やがて当人は大学そっちのけで、コンピュータのプログラムづくりに夢中になった。そこから、文字どおりのPCオタクとなる。

ソードは一九七〇（昭和四五）年四月に設立された。折しも大阪で万国博覧会が開幕した翌月だ。アポロ11号の展示された米国館をはじめ、世界の先端技術に日本国民が驚いた。井上にとって、船橋中学二年生の頃である。

ソードの創業者、椎名堯慶《たかよし》は異色の経歴を持つ。終戦の二年前にあたる四三年一二月、中国に生まれ、戦後一家で北京から日本に引き揚げてきた。東京都立北野高校を卒業したあと、防衛大学に二週間だけ通って東大を受け直すが、試験に失敗して東海大学工学部電子工学科に進んだ。

大学卒業後の六八年四月、いったん米マイクロコンピュータ企業「ＤＥＣ」の日本代理店「理経」に就職する。ＤＥＣはコンピュータ業界でＩＢＭと並ぶメジャー企業だ。

いまや冷蔵庫の温度調節や炊飯器の自動操作に欠かせないマイコンは、この時期に米国から輸入され、日本に浸透していった。理経のエンジニアとしてＤＥＣ製マイコンを日本企業に売り歩いてきた椎名は、米国出張の機会に恵まれ、そこから独立を思い立つ。

まだ二六歳、今ふうにいえば起業だが、当時は脱サラと呼ばれた。椎名は佐藤信弘、佐久間剛といった東海大時代の同期生二人と会社を興した。会社設立にあたり、SOFTWARE（ソフトウェア）とHARDWARE（ハードウェア）を掛け合わせ、SORD（ソード）と名付ける。資本金はわずか六五万円、東京の下町、板橋区大山町の古い事務所を間借りしてそこをオフィスに興した。ソフトバンクの孫正義や井上たち、コンピュータベンチャー起業家の先輩といえる。

ソードが設立された七〇年代は、米国の影響を受けた日本電気や日本IBM、富士通などがコンピュータ開発に乗り出した。ソードは当初、国内の大手の下請けとしてソフトやハードの開発に取り組んだが、やがて方向転換する。

創業者の椎名は七一年五月、ソード電算機システムに社名を変更した。そこから独自のパソコンづくりに挑んだ。日本電気やIBMといった大企業がコンピュータ開発に手間取るなか、ソフトとハードを一体化させた使いやすいパソコンを目指し、PCベンチャーとして独自に事業を成功させていく。

会社の歩みをざっと紹介すると、七三年三月、千葉県に「津田沼システム工場」を新設。その半年ほど後の一〇月、「FDS－8」という小型コンピュータを完成させる。このとき社員はわずか二三人しかいない。さらに翌七四年には、日本初のマイコン「SMP80シリーズ」を生み出し、七七年にはパソコン「M200」を発売した。

ちなみに、かのビル・ゲイツがマイクロソフトを設立したのが、ソードがSMP80シリーズを発表した一年後の七五年で、スティーブ・ジョブズのアップル設立はさらにその翌七六年だ。米二大PCメーカーに先んじていたことになる。日本発のPCベンチャーは、日本だけでなく米国でも評判になった。ソードは名実ともに日本製パソコンメーカーとして業界の先頭を走り、注目を浴びていく。

七八年に一一億円だったソードの売り上げは、七九年に二六億円、八〇年には五〇億円と倍々ゲームで急成長した。この八〇年二月、日本語の事務処理用簡易言語ソフト「ピップス」を搭載した「M200markVシリーズ」の発売を始め、翌八一年の売り上げが一〇〇億円を突破した。さらに八三年に売り上げは二〇〇億円となり、全国に「ピップスイン」というショールームまで展開した。むろん現在のように、老若男女の誰もが使ったわけではないが、この時期、ソードは紛れもなく日本にパソコンを広める役割を果たした。井上がソードと出会うのは、そんな頃だ。東京理科大生の井上は、ソードが世界で注目された七〇年代後半にアルバイトを始めた。

「社長になるつもりです」

もともと読書の好きな井上にとって、高校時代の得意科目は国語だった。いきおい大学選びも、理系志望ではなかった。だが、父親の龍太郎に「国語屋はつぶしがきかないぞ」と諭され、受験科目に苦手の理科と社会のない東京理科大学理学部数学科を選んだ。

そうして理大入学早々に習った「FORTRAN(フォートラン)」という人工言語を使ったコンピュータプログラミングに興味を持つようになる。それは図形パズルを解くプログラミングで、井上は大学の電算センターでパソコンを借り、熱中した。

だが、大学ではひと月に数分しかパソコンを使えない。そんなある日、井上は友だちといっしょにお茶の水にあったパソコンのショールームをのぞいた。大ヒットしたピップスが発売される少し前のことだが、そこには最新鋭のパソコンがズラリと並んでいた。おまけに平日は閑散として試している客があまりいない。

「接客のアルバイトをしてくれたら、空いた時間に使ってもいいよ」

井上が夢中でキーボードを叩いていると、ショールームの従業員が声をかけてくれた。これが、井上とソードとの出会いとなる。井上はそこから大学そっちのけで、ショールームに通い始めた。コンピュータの黎明期、井上は単なるアルバイト学生として、そこへ飛び込んだ。

前述したように東京理科大では、卒業生の大半が数学や化学などの高校教師になる。井上も教職課程を履修し、周囲の学生と同じように、途中までは教師の道を志していた。理大で同じゼミに通っていた澤田ひろみも、そう思い込んでいたと話す。

「井上君はニコチンのきついタバコを吸っていた記憶があります。銘柄は覚えていませんが、結構匂うタバコでした。そうそう、『俺は今いっぱい遊んでいるから、絶対マイホームパパになるんだ』と話していましたね」

澤田がその後の井上を知ったのは、大学の機関紙「理大学報」のインタビュー記事だったという。

「記事そのものはヤフーが株式上場した後だったと記憶していますから、彼がソードに入社したのは記事よりずっと前でしょう。理大を卒業し、大学のときにアルバイトをしていた会社に就職したと書いてあった。新聞を読むまでてっきりどこかの教師になっているものと思っていたので、ソードのことなんかまったく知りませんでした。びっくりしました」

井上の就職の道を変えたのが、ソードの技術者のひと言だった。

「君は飽きっぽいから、ずっと教師のままでいられるかな。近い将来、パソコンはすごいことになるよ。このままうちで働かないか、たぶんそのほうが面白いぞ」

井上は数学教師の道をいとも簡単にあきらめた。まさにソードがＰＣベンチャーとして飛ぶ鳥を落とす勢いのあった隆盛期である。

二〇歳そこそこの若者は、すでにコンピュータの世界にどっぷりと浸かっていた。東京理科大のアルバイト学生だった井上は、大学の講義などそっちのけでソードのショールームだけでなく、京成千葉線の検見川駅近くの工場にまで通った。そして七九年三月、大学を卒業すると、そのままソードに入社した。ソードの元同僚たちに取材すると、井上は入社するとき、社長面接でこう言って椎名を驚かせたという。

「私は社長になるつもりです」

新人時代のソフト開発

井上から三年遅れてソードに入った浅川倫之《ともゆき》という後輩社員がいる。

「私は八二年にソードに入社して八九年頃まで在籍していて、井上さんは直属の上司でした。私の入った年に一五〇人ほどが入社し、社員総数が五〇〇人を超えた。それだけ社員が急激に増えていきましたが、社員番号でいえば、井上さんの三年遅れの私は三〇〇番台。たしか井上さんは二桁台だったと思います。井上さんのあだ名はイノマサでした」

ＰＣ、ＩＴ業界ではよく見かける社員番号は、入社の順を示す。ヤフー・ジャパンやアップルなども社員番号で従業員の管理をしている。つまり井上の入社した頃のソードは一〇〇人もいなかったことになる。そこから社員が急増したのだろう。「日経ビジネス」の〇三年一二月一日号には、ソードの創業社長、椎名が井上の印象を語っているくだりがある。

〈「（のちのソードには）１０００人くらい社員がいたが、井上さんは光っていた。海外にもよく行き、次に何をすべきか随分と練っていたのでは」〉

椎名は井上の一四歳上だ。入社面接以来、若い井上を高く評価した。のちに井上を社長室長に抜擢し、さまざまな仕事を任せるようになる。

「当時のソードは、ハード面でも、ソフト面でも、アップルとほぼ同じレベルのことをやっていました。アップルとは、使う言語が日本語と英語の違いくらい。本当にイケイケで、ＩＢＭの椎名か、ソードの椎名かといわれていました。あの頃の椎名さんは、それほど新聞や雑誌によく登場されていました」

後輩社員、浅川はそう述懐した。ＩＢＭの椎名とは、言うまでもなく、日本ＩＢＭの社長や米ＩＢＭコーポレーションの副社長を歴任した椎名武雄のことだ。ソードの椎名は、コンピュータ業界の大立て者と比肩されるほどの勢いがあった。井上は、このコンピュータ業界の先駆者から多くを学んだ。

マスコミ嫌いの井上は、ヤフーで成功した後も極端にメディアの露出が少なかった。だが、経済誌「日経ビジネスアソシエ」二〇〇四年一月六日号で、珍しく自身がインタビューに答え、ソードで働き始めた頃の印象を言葉少なく語っている。

〈経営層も社員も皆元気で、ベンチャーらしいユニークな会社だったと思います。創業社長の椎名堯慶さんと創業仲間で常務だった佐藤信弘さんらは、（その後）ソードを去って2度目の起業を果たしています。私と同世代では、ポケットボード向け通信サービス「10円メール」をヒットさせたマスターネット（現ゼロ）の西久保慎一さんがいました〉

なお、西久保ものちにソードを離れた。一時、新興航空会社「スカイマーク」の社長として業界の話題をさらった人物である。

井上はソードに入社して早々、ソフトウェアの開発に携わった。ソード時代の先輩社員である鯨井源一に、その時代のことを聞いてみた。

「井上が入社した頃から取り組んでいたのが、OS（基本ソフト）上で作動させるソード・グラフィック・ランゲージ（SGL）というソフトの開発です。彼一人でそのソフトの開発を任されていました」

鯨井はエンジニアだけあって、コンピュータ技術にめっぽう詳しい。簡単にいえば、SGLはパソコンの画面上で画像を作成、処理するコンピュータグラフィックで、基本ソフトの一つだ。ソードがつくった独自ソフトであり、井上がその開発を任されたという。ただし、鯨井はこうも付け加えた。

「ベンチャーのソードでは、入社したばかりの人間であっても、開発担当になるケースは普通にありました。だから、井上のソフト開発もさほど珍しいことではありません」

そこから次に井上は、R&D（調査開発）部門に配属され、外部OSチームを率いるようになる。ソードでは自社のOS開発とともに、他社で使っている外部OSの研究を進めていた。当時の他社のOSでいえば、米マイクロソフトのMS‐DOSやデジタルリサーチのCP／Mといったソフトウェアが主流だ。ソードはそうした他社のOSを自社製のパソコンに取り入れるための業務提携を模索し、井上がその外部OSを研究するチームのメンバーを統括した。チーム内で井上の部下として働いてきた一人が、三年後輩の浅川である。

「あの頃のソードは本社が東京・葛飾区の新小岩にあり、工場や開発部門を検見川に置いていました。僕らは検見川駅近くの水道屋さんのビルに間借りしたオフィスで働き、井上さんには向いの工場に個室がありました。だいたいそこにいて、たまにこちらにやって来る。そんな感じの働き方でした」

こう書くと、井上は入社早々からPCエンジニアとして目立っていたかのように見える。だが、その実、エンジニアの鯨井の言うように、当時のソードではパソコンのソフト開発や研究に取り組んだ社員は数多《あまた》おり、珍しくもない。PCのエンジニアとしての井上の実績には、やや疑問が残る。

「俺が会社を大きくした」

井上や浅川が入社した八〇年代前半のソードは、瞬く間に成長を遂げた。パソコン「M243」や「ピップス」シリーズの大ヒットにより、一〇〇人足らずだった社員が一挙に六〇〇人を超える。八一年七月には中央区八重洲に本部を移し、さらに八三年四月には千葉市真砂の京成検見川駅前に八階建ての自社の本社ビルを建設した。この頃、浅川は井上とともに本社に新設された商品企画課に異動になったという。井上が二六歳の頃の話だ。

「井上さんは商品企画課課長代理。そこは椎名社長が発表した新しい製品について、後づけで企画書を作るような部署でした。例年、五月に新製品の発表をして八月に製品を売り出す。でも新製品といっても、椎名さんが頭の中で考えただけで、製品化の具体的な計画ができていない。それでいて、慌てて製品の企画書を書かされました。だから製品の開発は徹夜の連続。まさにブラック企業でしたけど、楽しかったですね」

商品企画課は社長直属の部署である。そこの課長代理になった井上は、やがて椎名の信任を得ていく。この頃から本人の意のままに仕事をするようになったという。東京理科大時代の同期生である小関洋は、ソードで働き始めた井上から自慢話のようにしばしば体験談を聞かされた。

「井上は大学四年生のとき、もうすでにアルバイトで千葉（検見川）のソードに入り浸っていました。その頃よく、『世の中にはすごい奴がいるもんだ』と聞かされましたよ。それが椎名さんのことでした。ソードはあのまま伸びていけば、それこそ国内トップ企業、それどころか世界的なPCメーカーになっていたのではないでしょうか」

医師の家系に生まれた小関は、のちに東京理科大から他の大学の医学部を受験し直し、現在は医師になっている。

「小関、コンピュータに画面上で円を描かせることがいかに難しいか、わかるか？」

井上は同級生の小関と会うたび、自ら携わってきたソードのビジネスについて豪語した。

「ソードのソフト部門は俺が牛耳っているんだ。俺がいるからソードがある。俺が会社を大きくしたんだ。俺がそのソフトウェアの大半をつくったんだ」

大学時代の友人である小関には、気を許していたのだろう。ソードの同僚たちからはまったくそんな自慢話を耳にしなかったが、小関に対してだけは井上は鼻を高くした。

「実際、ソードは井上が入った頃から爆発的に成長し、一〇億円しかなかった売り上げが、一〇〇億円を超えるようになりました。だから私には気を許していつも手柄話のように語っていましたね」

先の鯨井などはエンジニアとしての井上をあまり評価していない。したがってソードのソフトウェアすべてを開発したという井上の自慢話は、かなり無理がある。ソードで井上が出世した理由について、小関はこう推測する。

「井上は芯が強いけれど、思考が柔軟で、研究者にありがちなこだわりがないんです。目的達成のためには手段を選ばないようなところもありました。井上は『ソードがあそこまでになれたのは、俺が仕事のできない給料泥棒を辞めさせたからなんだ。使えない奴は、社長命令を使ってみんな飛ばすんだ』とも言っていました。それだけ椎名さんに信頼されていたのでしょう。椎名さんには最大限の気を配りながら、接していたみたいです」

ラスベガスの見本市体験

この頃、ソードの椎名はPC事業における海外戦略の一環として、ソードアメリカという現地法人を設立する。さらに米や仏のコンピュータ企業と代理店契約を結び、ソード製のパソコン輸出を試みた。そして井上はそんな椎名の手足となり、海外で活動するようになる。商品企画課で井上の部下だった浅川が、三〇年以上も前の上司の姿を偲んだ。

「井上さんは、ほとんど会社にはいませんでした。検見川の本社にもほとんど顔を出さず、しょっちゅうアメリカやフランスに行っていました。私は井上さんが海外から帰ってくるとき、必ず空港の迎えに行っていました。まだ祖師谷団地に住んでいた井上さんの家まで自分の車で行き、そこで井上さんの車に乗り換えて成田空港まで迎えに行くのです。そのあと井上さんを家に届け、自分の車で家に帰る。そんなことが何度もありました。ただ井上さんは一人で行って一人で帰ってきて、部下には何をやっているか、まったく言わないのです」

浅川は井上の信奉者だ。椎名の指示で海外を飛び歩くようになった井上の姿をそれなりに観察してきた。

「井上さんが海外でどんなことをしていたのか、成果などもいっさい話さないので、具体的にはわかりません。でも、井上さんはやはり特殊なんです。頭はキレるし、ソフトのこともハードのこともすごくよくわかっている。だから契約関係の仕事をしていたのでしょう。この頃のソードはマイクロソフトのMS-DOSをはじめ、フォートランやベーシック、コボルといったプログラムのメーカーと業務提携していました。その契約に携わっていたと思います」

実際、ソードは米国をはじめとした海外のコンピュータ企業と組んで自社の製品を輸出・販売するようになる。

ソードは世界が注目する米国のコンピュータ見本市に自社製のPCを出展してきた数少ない日本企業だった。ラスベガスの華やかな見本市の会場にブースを構え、海外企業相手に営業展開をしてきた。井上がソードの海外戦略にどこまで貢献できたのか、そこははっきりしない。実のところまだそれほど重責を担っていたわけではなかったようだ。ソードの先輩社員でエンジニアの鯨井は、井上とともに米国出張してきた一人である。

「たとえば井上は、しばしばラスベガスにあるコンベンションセンターのコンピュータ見本市に出かけていました。あるとき私と井上がいっしょに行った。そのときは三日間滞在し、私はカジノでルーレットを二日間研究して、三日目に勝ちました。でも、井上はギャンブルには目もくれない。夜はずっと寝ていましたね。

年に一度のラスベガスのコンピュータ見本市では、いろんな会社を見かけました。そうそう、うちの隣のブースがアップルでした。ジョブズが来ていたかどうか覚えていませんが、アップルもまだまだ立ち上がったばかりの小さな会社でした」

鯨井は井上の仕事について冷静に分析した。

「見本市では、それぞれの会社が自社製品をブースに展示します。そこでは、英語の堪能な佐藤

（信弘元常務）さんがもっぱらお客さんの対応をしていました。ソードのなかの佐藤さんは椎名社長の盟友として、はやる椎名さんを止める役回りも担っていました。井上はとてもそこまでではなく、他社と交渉していたわけでもありません」

椎名の右腕である常務の佐藤は、その経歴も一風変わっている。大工の息子として生まれ、高校卒業後にいったん就職したが、東海大学工学部電子工学科に入り直して椎名と出会う。同期生の佐久間剛とともに三人で会社を興した創業者の一人である。椎名にとって旧知の佐藤は、頼りがいのある共同経営者だった。井上は椎名のお気に入りではあった。だが、そこまでのポストには到達していない。

「井上のいた商品企画課は、他社の製品動向を見てそれをソードに生かすのが仕事です。それはもちろん重要ですが、会社の中心として営業活動をしていたわけではありません。ラスベガスにおける井上の役割はといえば、他のブースを回って、カタログを持ち帰るだけ。それが彼の仕事で、あちこち見て、他社の製品をチェックする。面白そうな製品の載ったカタログを集め、段ボールに詰めて日本に持ち帰る。それがもっぱらの役割でした」

ただし、この時代、井上がのちのジフ・デービスや米ヤフー・インクとの提携に通じるような経験を積んできたのはたしかだ。鯨井には井上を認めている部分もある。

「ソード社内における井上の功績が何だったのか、それはわれわれにもよくわかりません。しかし井上は、ソードでずっと海外を巡っていた。だから世界中のソフトウェアの製品や動向については、相当に詳しかった。その点でいえば、井上はわれわれのような技術者とは違うコンピュータの世界を見ていたのかもしれません。他の社員は目の前の仕事に集中したいプロの技術者ばかりだった。けど、井上はもっとグローバルな目でビジネス社会を俯瞰できたのではないかな」

椎名と重なる孫

大学時代の同期生だった小関と同じく、鯨井もまた椎名が井上に大きな影響を与えたと見る。こう言葉を補う。

「井上は入社する際に『私は社長になるつもりです』と椎名さんに言ったそうですが、やはり彼にとっての出世は、椎名さんとの関係が肝だったのかもしれません。海外に何度も行かせてもらい、それでいて会社や上司にレポートひとつ出すわけでもない。傍《はた》からすれば、まるで遊んでいるかのようにも見える。ですから社内の批判もあった。だけど、椎名さんの直属の部下として、全体を見ることができた。椎名さんも井上の感性を信じてそれをさせようとしたのかもしれない。だから、井上だったのかな」

有り体にいえば、ソード時代の井上はベンチャー経営者としてのあり様を学んだのだろう。やはり椎名が井上に与えた影響は大きい。若き日の井上自身がソードのビジネスを背負って立っていたわけではない。しかし、ソードで貴重な体験をした。のちの井上は、ソフトバンクの孫正義が椎名堯慶と重なって見えたのではないだろうか。

椎名は全国にオレンジ色の派手なピップスインというショールームを展開し、大手メーカーができなかった日本初の自社製パソコン開発を成し遂げた。

「おかげで八〇年代前半のソードは、ＮＥＣや富士通、日本ＩＢＭに次ぐ国内四位のパソコンシェアを誇るまでになりました。ただ、それは当初、大手企業が大型コンピュータ開発に熱心なあまり、パソコンに興味を抱かなかったからでしょう。だから、われわれでもあそこまでになれたのだと思います。たしかシェアの五位が東芝でした」

先の浅川はそう自嘲気味に話す。日本の大手メーカーが大型のスーパーコンピュータ開発にこだわりすぎた面は否定できない。半面、その後のパソコンの発展を考えると、そこに着目したのは、紛れもなく椎名の慧眼《けいがん》といえる。大手の隙間を縫うビジネスこそがベンチャーの真骨頂でもある。マイクロソフトしかり、アップルしかりだ。ソードはそれらに匹敵する世界企業に成長していた可能性があった。

ＰＣベンチャーの躓き

一九七三年の第一次オイルショックに続く七九年の第二次オイルショックにより、世界経済は大揺れに揺れた。言うまでもなく、それは中東情勢により、産業のコメと呼ばれる原油の供給が激減し、価格が急騰したからにほかならない。先進国の経済を支えるその産業のコメは、かつての石炭から石油、そして半導体に移っていく。

そして第二次オイルショック後の八〇年代に入ると、米国に日本の経常黒字を問題視され、日米貿易摩擦が起きる。それはハイテク摩擦とも呼ばれた。井上のいたソードという日本発のＰＣベンチャーが世界を驚かせたのは、コンピュータ技術が萌芽したこの時期にあたる。

だが、ソードの勢いも束の間だった。ほどなく日本のベンチャーは大赤字に陥り、やむなく大手家電メーカー東芝の支援を仰ぐようになる。一九八五年三月、ソードは東芝と提携し、事実上、経営権を譲ってその傘下に入った。ソード失墜の原因はどこにあったのか。つまるところそれは、対米戦略の失敗といえた。

米ＩＢＭから提携話を持ち込まれたソードは、自社製のハードウェア開発にこだわり、それを断ったといわれる。そのせいで米国から供給される半導体の調達が追い付かず、窮地に追い込まれた。

これなどは昨今の米中半導体摩擦を彷彿《ほうふつ》とさせる。米半導体大手のクアルコムが中国通信メーカーに半導体を提供しなかった事態に近い。世界の半導体需要は今も昔も米国頼みで、米企業から輸入しなければならない。二〇一八年、中国通信大手の中興通訊《ちゅうこうつうじん》（ＺＴＥ）が倒産の危機に陥ったように、ソードもまた深刻な半導体不足に悩まされ、パソコンの生産がおぼつかなくなっていった。

むろんソードの躓《つまず》きはほかにもある。ソード時代に井上の部下として働いてきた浅川はこう指摘する。

「われわれ技術屋にとってあのときの半導体の不足は、表向きの言い逃れのようにも感じました。それより上場プロジェクトの頓挫《とんざ》のほうが大きかったように思います」

日米をまたにかけたパソコンビジネスで破竹の勢いに乗るソードに対し、メインバンクの旧三和銀行が株式の公開プロジェクトを提案した。そのため銀行員が会社に常駐し、株の上場準備が始まったという。

「三和の指導により、勤務時間の見直しがおこなわれました。以前のソードでは、エンジニアが徹夜で会社に泊まり込んで開発するなんて当たり前でした。にもかかわらず、ひと月の残業代が三万円、年収は当時の大卒の平均的なそれの三〇〇万円ほどでした。薄給だけど、それでも社員たちはがむしゃらに働いたし、やりがいもあった。ところが、エンジニアの勤務時間を締め付けられたせいで、ソフトの開発に時間がかかるようになってしまったのです」

浅川が八〇年代のソードをこう述懐する。

「椎名さんが五月に新製品を記者発表して八月までに発売するという、これまで三ヵ月だった製品開発が、一年以上もかかるようになった。それを半導体不足のせいだと言い訳していました。だが、それだけでなく、製品開発の遅れは技術屋の働く時間が抑えられていたからでもありました。そうして製品が発売できず、赤字になっていきました」

対米戦略と上場プロジェクトの失敗、どちらもソードを追いつめた要因だろう。そのダブルパンチを食らい、ソードは東芝の傘下に入った。その二年後の八七年五月、井上が仕えた稀代のベンチャー経営者は失意のうちに、会社を去ることになる。さらに椎名堯慶がソードの社長を退いた半年後の八七年一一月、井上はソフトバンク入りする。

ソフトバンクとの因縁

ソードは九九年一月、社名を「東芝パソコンシステム」と改め、さらに二〇一六年、「東芝プラットフォームソリューション」となる。奇しくも東芝の不正経理が発覚したあとの一八年七月、創業当時の社名が復活し、現在はソードに戻っている。だが、往時のベンチャー企業の勢いはない。

昨今、会社の売却はバイアウトと呼ばれて一定の評価をされるが、当時は身売りとしかとらえられなかった。椎名は自ら興した会社を東芝に売り渡し、ソードから追われるように社長の椅子を明け渡した。

一方、井上をはじめソードの社員たちは東芝グループに残る選択もあった。だが、井上はソフトバンクを選んだ。それはなぜだろうか。井上雅博と孫正義との出会いについて、孫が声をかけたのは間違いないだろうが、いま一つ詳細が明らかにはなっていない。

実のところ、井上と孫とのあいだには、意外な接点があった。二人は、ソード時代のパソコン販売をめぐる因縁がある、と浅川は話した。

「一九八〇年代前半、米国のマイクロソフトと日本のアスキーが共同で開発した『MSX』というゲーム用パソコンが発売されました。対してソードではそれ以前から『M5』という機種を売っていた。実はマイクロソフトのMSXはソードのM5のコピーに近かったのです。いわば二つのパソコンはライバル関係にあった。それでソードはソフトバンクで売ってもらおうとしました」

ソードは八二年にM5の発売を開始、そこから遅れること一年、マイクロソフトがそれを追いかけるようにして八三年、MSXを売り出した。日本側のソード・ソフトバンク連合に対し、米国のマイクロソフト・アスキー連合の衝突だ。日米のパソコンベンチャーが、日本市場において互いに独自のソフト規格だと主張し、大揉めに揉めた。日本のベンチャーとして成長し続けてきた椎名の自社開発へのこだわりは、理解できなくはない。

ソフトバンクがパソコンソフトの卸売商社だった頃だ。ソードとソフトバンクは、メーカーと卸売業者の関係にあり、以前から取引があったが、日米対決が話題になったことにより、その関係性が注目された。が、米国勢の圧力は予想以上に強かった。浅川が続ける。

「あの頃、マイクロソフト（日本法人代表）の成毛《なるけ》眞さんなんかも、こちらに探りを入れに来ていました。そうしているうち、孫さんがあっさりひっくり返ってしまったのです。気が付くと、ソフトバンクがＭＳＸを売っているではないですか。うちにとっては裏切られた格好ですが、それも仕方ないのでしょうね」

ビジネスの世界では、しばしば聞くような話ではある。奇しくも、乗りに乗っていたソードはこのあたりから先行きに陰りが見えるようになる。原因は、前述した株式公開プロジェクトと半導体の調達問題だ。

Ｍ５は子供向けパソコンとして日本国内で売り出された。スーパーマリオなどのゲームソフトを駆使して大ヒットした任天堂の「ファミコン」と似たようなゲーム用コンピュータである。ファミコンにはキーボードがないが、ソードのＭ５はキーボード付きで事務用パソコンとしても使えた。便利ではある。反面、ファミコンほど大ヒットしなかったのは、操作が小難しく見えたせいかもしれない。

ソードが東芝の傘下に入ったあと、井上はソフトバンクに誘われた。浅川が井上と孫との出会いについてこう話した。

「M5のとき井上さんがソフトバンクとの交渉を担っていました。井上さんと孫さんはここから接点ができたのでしょう。直接的には、ソフトバンク総合研究所の岡部（雅穂《まさほ》社長）さんから井上さんに声がかかったはずです。あの頃、井上さんから『お前も来ないか』と僕も誘われました。『こき使われるから嫌です』と私は断ってしまいましたが……」

浅川が井上のソフトバンク入りした経緯についてこう分析する。

「ソフトバンクには、井上さんのように技術的な知識があり、業界全体を俯瞰できる人材が少なかったのでしょう。井上さんは、業界では極めて稀有な人材だったと思います。本人はけっこうハッタリもかましますが、それだけ知識を持っている人だということです」

こうも言った。

「私のあと、椎名さんがソードを去り、そのあとに井上さんが辞めました。井上さんは社長室長としてしばらく残務処理をしていましたが、東芝に残ってもつまらないと思っていたのでしょう。ずっとあとになってヤフー・ジャパンが上場し、代表取締役として井上雅博の氏名が株券に印刷されているのを見て、驚きました。社長になっている。で、電話すると『だから、いっしょに来いと誘っただろう』と言われました。今になってみたら、少し後悔しています」

公団の新婚生活

井上はソフトバンク入りする前に結婚した。相手はソードの草創期に入社した女子社員の弘美である。幼い頃から井上を知る叔母の山崎昇子は挙式にも招待されている。こう記憶をたどった。

「ごくごく一般的な結婚式でした。それほど多くの親族がおりませんから、決して派手な結婚式ではありません。両家で五〇人くらいの親族や知人が顔をそろえたでしょうか。雅博は結婚してからすぐに団地で新しく部屋を借りて住み始めました」

挙式と披露宴は東京・麴町の東條会館でとりおこなわれた。ソード時代の後輩社員、浅川も披露宴に招待された一人である。

「奥さんはとても綺麗な人で、たしか入社は私より一年早かったと思います。まだ一〇〇人も社員がいない時代だから、全社員が顔見知りだったはずです。奥さんはいわゆる事務採用で、初めは新小岩の本社に勤務していました。祖師谷団地に住んでいた井上さんが、千葉市の検見川に通うのが大変だったので、よく奥さんの家に泊まっていたらしい。結婚式のときにまだ子供は生まれていませんが、お腹の中にはすでに長男がいらっしゃったはずです」

大学時代の同窓だった小関はこうも付け加えた。

「井上はソードで出会った奥さんの部屋に平日住みついて、週末になると祖師谷に戻っていました。土曜日の夜は、奥さんも含めてソードの社員たちも集まってよく飲みました。ただ彼女がいると井上はあまり飲めませんでしたね。当時から尻に敷かれていたような雰囲気で、そうこうしているうちに妊娠したのです。でも結婚するとは思いませんでした」

新婚夫婦は、祖師谷団地七号棟の二〇四号室を新たに借りて移り住んだ。奇しくもそこは、かつて山田洋次監督夫妻が暮らしていた部屋だった。

祖師谷団地で新婚生活を始めた井上は、その時代にソフトバンク入りしている。だが、新婚夫婦の台所事情はけっこう苦しかったようである。

「お前、アムウェイって知ってるだろ？　いっしょにやらないか」

井上は後輩の浅川をマルチビジネスに誘った。

第四章　ソフトバンクの遊び人

握手をする孫正義とビル・ゲイツ

上―影山工
下―西牧哲也

熱中した米国発のマルチ商法

「浅川、お前もやってみないか」

井上雅博は久方ぶりに会った後輩の浅川倫之に、そんな話を切り出した。二人がソードを退社したあとのことだ。浅川は東京からいったん郷里の北海道に戻っていた。

一方、井上はソード時代の同僚である新妻の弘美とともに、祖師谷団地の二〇四号室に暮らし、仕事を探していた。ソフトバンク入りするのはもう少しだけ先のことである。

結婚して間もない井上は、わざわざ浅川を北海道から呼び出した。弘美といっしょに祖師谷団地で出迎え、三人で談笑した。それは旧交をあたためるためだけではなかった。井上が小さなカバンを浅川の前に置きながら、おもむろに言った。

「アムウェイって知ってるだろ？　そこの商品がこの中に入っているんだけど……」

社名ぐらいは聞き覚えがあるだろう。アムウェイは家庭日用品の連鎖販売取引で知られる。一九五九年、米ミシガン州エイダで創業された。創立者のジェイ・ヴァンアンデルとリッチ・デヴォスが、アメリカン・ウェイ（American Way）を略してアムウェイ（Amway）と名付けたと伝えられる。

その米国生まれの連鎖販売企業が七七年六月、日本に上陸した。日本アムウェイとして、日用雑貨をはじめ化粧品、栄養食品にいたるあらゆる商品を販売してきた。奇しくも井上がソフトバンク入りした八〇年代後半から九〇年代初めにかけ、もっぱら家庭の主婦のあいだで広まり、アムウェイブームに火がついた。

井上はその連鎖販売に興味を持ち、ソード時代の後輩社員だった浅川に「いっしょにやらないか」と勧めたのである。

「E・H・エリックというタレントが、アムウェイの〝クラウン・アンバサダーDD〟という肩書で広告塔になっていた頃です。たぶん奥さんが団地の誰かに勧誘されて始めたと言っていたように記憶しています。井上さんは連鎖販売という取引のシステムにいたく興味をもって研究したといいます。ずいぶん、熱が入っていました」

当の浅川が、団地の新居で勧誘されたときの光景を思い起こしながら語った。

「アムウェイのカバンの中には、洗浄剤がぎっしり入っていました。それを布に塗りながら、井上さんが『これでお前のメガネ拭いてごらん』と言うわけです。やってみると、たしかにピカピカになりました。で、アムウェイの仕組みをとうとうと解説するわけです」

アムウェイの営業形態は友人・知人の紹介で会員の輪を広げるネットワークビジネスだ。マルチ商法とも呼ばれる。浅川が述懐した。

「親、子供、孫と勧誘を受けて販売網を広げていくのですが、アムウェイは商品もないのにどこまでも販売網が広がっていくネズミ講のような無限連鎖講にならないよう、制限があるそうです。子供が増えれば、親であるこっちのアガリ（配当利益）が五%、というようなシステムだったかな。それを詳しく説明してくれました。『お前も早く乗れよ』と井上さんから勧められましてね。その仕組みが面白くて、これは儲かるな、と私もつい皮算用をしました」

その気になった浅川は井上から預かったカバンを北海道に持ち帰った。そこで、実家の母親に大反対されて断念した。東京に戻り、井上夫妻にアムウェイ製品の入ったカバンをそのまま返却したのだそうだ。

むろんアムウェイ商法は違法ではない。日本にまだ少なかった米国生まれのその珍しい販売手法で業績を伸ばした。井上はそこに惹かれたのだろうか。ソードを辞めたばかりで生活の安定してなかった井上夫妻は、アムウェイに入れ込んだ。

日本におけるアムウェイ商法は、九〇年代後半になると消費者からの苦情が殺到し、問題視された。取材をするなかで、他からこの件を聞いたことがないので、井上夫妻がアムウェイにはまっていたのは短期間だったのだろう。浅川がそのあたりをフォローする。

「ソフトバンクに入る前のことです。アムウェイの話を聞いた頃、井上さんは五〇〇〇万円のローンを組んで家を買ったとも聞きました。ソフトバンクに入ってからしばらくすると、バブル景気が起こったので、給料が安定し始めたのだと思います。いつの間にかアムウェイの話は出なくなりました」

ソフトバンクにおける井上のスタートは、少なくとも人の羨む高給取りではなかった。少なくとも孫が弔辞で語ったようなヘッドハンティングと呼ばれるほどの厚遇で迎えられたわけではなかったようだ。井上はまだ日本ソフトバンクだった頃の一九八七年一一月、孫がコンピュータを研究する目的で設立したグループのシンクタンク部門「ソフトバンク総合研究所」の契約社員としてソフトバンクに入社した。三〇歳の誕生日を迎えた年のこと。以来、身分はずっと契約社員のままで、正社員にはならなかった。

グループナンバー2の「バイト君」

井上はなぜソフトバンクグループの正社員にならなかったのか。のちに井上とともにヤフー・ジャパンを立ち上げることになる影山は、当人にそれを尋ねたことがあるという。

「井上さんに理由を聞くと、『ソフトバンクに入社したとき住宅ローンを抱えていたからなんだ』と話していました。あの頃は社員になると、むしろ給与ベースが下がったそうで、『会社側と給料の待遇が折り合わなかったので、俺はずっと契約社員採用なんだよ』と言っていました」

井上はソードをやめてソフトバンクに入社するまでのあいだ、五〇〇〇万円の住宅ローンを組んで世田谷区内に家を建てた。折しも、それはアムウェイのマルチビジネスに凝っていた時期とも重なる。

言葉を選ばずにいえば、井上はごくふつうの庶民の金銭感覚をそなえている。団地育ちが自らの原点だと自認してきた当人には、広い持ち家に対する強い憧憬があったのかもしれない。のちに井上は、都心に高級マンションをいくつも所有し、温泉地に豪勢な別荘を建てた。その一方で、ヤフー・ジャパンを六七〇〇万人のユーザーを抱えるポータルサイトに成長させた。ヤフー・ジャパンのユーザーは、いまや日本の全人口の半分近くを占める。広く受け入れられるサイトづくりができたのは、庶民感覚のなせるところだったのかもしれない。影山がこう言葉を継いだ。

「他の梶川(朗《あきら》CFO・最高財務責任者)さんや喜多埜《きたの》(裕明COO・最高執行責任者)さん

たち、あとから入ったヤフーの幹部たちは、みな（従業員から重役に昇進する）社員取締役でした。でも井上さんだけは、ずっと社員じゃなかった。それでよく『喜多埜と梶川は（売り上げや利益の）目標を立てなければダメだけど、俺は社員じゃないから目標なんかいらないんだ』と冗談を言っていました。井上さんはヤフーでは、契約社員ですらなかったと思います。それで、ソフトバンクグループの内輪では、しばらく井上さんのことを〝バイト君〟と呼んでいました」

かつて井上がいたソードでは、社員に入社順の番号が付けられていたが、ヤフー・ジャパンでもそれを踏襲した。ヤフー・ジャパンで初代社長に就任した孫の社員番号が一、井上は二だった。

グループ内の序列でいえば、井上はナンバー2だ。ところが、井上のソフトバンクにおける雇用形態は契約社員で、ヤフーではアルバイトである。ソフトバンクとヤフーの出版部門の両方を兼務していた元ヤフー編集長の影山は、ヤフー創業時の事情にも詳しい。こう解説してくれた。

「井上さんはアルバイト扱いなのでスタート時のヤフー・ジャパンの社員は二人だけしかいませんでした。どちらもソフトバンク採用の社員で、ヤフーに転籍しました。もちろん井上さんもソフトバンク採用ではあるのですが、正社員ではなかったので、ヤフー専従になってからも社員にならなかったのです。社員番号は単純に従業員をコンピュータ上で勤務管理するためにあるので、契約社員であろうが、アルバイトであろうが構わない。だから井上さんはアルバイト扱いだけど、社員番号が二番なのです」

ちなみにあのアップルも社員番号制を敷いているといい、スティーブ・ジョブズの社員番号も二なのだそうだ。井上は周囲から〝バイト君〟と呼ばれてきた。そこからやがて契約社員の立場でソフトバンク本体の社長室長になり、孫に次ぐソフトバンクグループのナンバー2として、ヤフー・ジャパンを興す。なぜそこまで出世できたのか。

もともと孫が始めた日本データネットという別会社のエンジニアだった西牧哲也は、入社当時の井上のことをよく知る一人だ。パソコン情報誌の編集に携わり、ヤフー・ジャパンの設立時に配属され、二〇〇六年にヤフー・ジャパンの最高技術責任者（CTO）となる。西牧はこう言う。

「井上さんのいたソードは、日本のコンピュータ業界においてまさに先進的な試みをしてきた会社でした。象徴的だったのは、ソードがまだ国内のどこにもなかった米通信大手AT&TのOS（基本ソフト）ライセンスを買い取ったことです。そのAT&TのユニックスというOSを扱い、爆発的にパソコンユーザーを増やしていきました。井上さんはそんな先端企業からソフトバンクにやって来たのですから、やはり注目はされていました」

ソードが東芝に吸収されたとき、ソフトバンク総研から井上に声がかかった。それがソフトバンク入りした理由なのは間違いないだろう。井上の入ったソフトバンク総研は、やがて米スタンフォードの著名なリサーチ研究所にあやかり、ソフトバンクとストラテジックのS、リサーチのR、インスティテュートのIから、SRIと社名を変える。井上は技術開発を目的に新たに設立されたそのソフトバンク技術研究所の仕事にもかかわるようになる。

ただし当初の孫は、さして井上に期待していたわけではなかったかもしれない。

ミッションのない遊び人

一九七〇年代、パソコン事業でソードに先を越された日本電気（ＮＥＣ）や日本ＩＢＭなど国内の大手メーカーは、ソードが東芝の傘下に入った八〇年代後半になると巻き返していった。いわばベンチャーが駆逐され、大手がその分野に乗り出した格好だ。そのあたりのパソコン業界事情については、先の影山が詳しい。以下のように説明してくれた。

「やがて日本のパソコン業界では、日本電気の98シリーズが圧倒的なシェアを誇るようになっていきました。その理由はＯＳ性能ではなく、ハードウェアが優れていたからです。当時のパソコンはアプリケーション（作業に応じて使うソフトウェア）がハードウェアに依存していましたから」

ＮＥＣの98シリーズをはじめ、シャープやカシオなどのＡＸ陣営や日本ＩＢＭのＤＯＳ／Ｖ……。日本のコンピュータ業界では九〇年代前半まで、それぞれの大手メーカーの機種に応じたパソコンの基本ソフトウェアが群雄割拠していた。そこでソフトバンクでは、パソコン事業の研究を始めた。井上がパソコン研究部門のソフトバンク総研に雇われたのはそのためだった。

またソフトバンクでは、研究以外にもパソコン事業として井上のいたソードがライセンスを持っていた基本ソフト、ユニックスの利用者向けに情報誌を発行した。すでにソードそのものは東芝傘下に入っているとはいえ、パソコンマニアのあいだでは、ユニックスファンも少なくなかった。その利用者向けにソフトバンクの発行したパソコン情報誌が「ユニックスファン・ユーザー」だ。端的にいえば、孫が井上をスカウトしたもう一つの理由がこれである。先の影山は、「ユニックス・ユーザー」をはじめとするソフトバンクのパソコン情報誌で編集長を務めてきた。

「出版事業に携わっていたソフトバンクの社員は、前々からインターネットに興味がある人が多く、井上さんもその一人でした。ソフトバンク総研の頃から私の席の隣に座り、米国のサイトをたくさん見ながら、試していました。その頃は二人とも忙しくなかったので、NTTの武蔵野総研などにいっしょに出かけて情報誌の筆者と会ったり、その夜飲みに行ったり、そんな付き合いから、僕と井上さんの交流が深まっていきました」

もっとも、もとはといえば、ソフトバンクはソフトウェアの卸売りにすぎない。「ユニックス・ユーザー」の発行は、単に西和彦の創刊した「月刊アスキー」を真似ただけのような出版ビジネスにすぎない。編集部の様子について先の西牧が話した。

「僕も、ソフトバンクで始めた『ユニックス・ユーザー』編集部にはちょくちょく遊びに行っていましてね。情報誌といっても、本当に名ばかりでした。『アスキー』はマイクロソフトといっしょにやっていて、こちらとは格が違いました。僕自身、個人的に買う情報誌は、『アスキー』でしたし、向こうはよくできていました。井上さんもまた、ソフトバンク総研ですることがないだから、『ユニックス・ユーザー』の編集部に遊びに来ているだけ。何もミッションを与えられていない。だから井上さんの第一印象は、社内の遊び人というイメージでした」

西牧はこう苦笑いする。

「編集部には、与えられた機材がアップル製の古びたマッキントッシュ一台しかありません。（ユニックスのユーザー同士が電話回線で）つながっていたUUCPというネットワークがあり、それを使ってただひたすらネットニュースを読む日々でした。PC画面にしょっちゅう爆弾（マーク）がボンと出てきて、（電源が）落ちる。すると『西牧、何とかしろ』と井上さんに怒鳴られ、『僕に言われても、何もできませんよ』などとやりとりしていた記憶があります。事業や研究といったレベルではなく、趣味で情報を収集していただけでした」

そうこうしているうちに、パソコン業界に大きな変化が起きる。西牧に代わって影山が続けた。

「大きかったのが九一年のマイクロソフトのOS、ウィンドウズ3・1の登場でしょう。おまけに九五年には、ウィンドウズ95が発売されました。このウィンドウズという優れた基本ソフトの出現により、パソコンにおけるハードウェア依存の度合いが急激に下がり、ソフトが重視されるようになったのです。日本メーカーはウィンドウズの発売に合わせ、パソコン入出力の基本操作を日本語化しなければならなくなった。それでソフトバンク総研で、井上さんたちが日本語キーボードの仕様づくりを請け負っていたのです」

ソード改め東芝のユニックスやNEC98など乱立していたパソコンの基本ソフトを一挙に駆逐したのが、一九九五年に米国で発売されたマイクロソフトのOS、ウィンドウズ95だった。これがインターネット時代の幕を開けたといっていい。ソフトバンク総研の井上や情報誌を発行してきた影山たちは、せめてその波をつかもうとした。それまでソフトバンクは「アスキー」と張り合うつもりのパソコン情報誌やソフトウェアの開発で、マイクロソフトはむろん日本メーカーにすら歯が立たなかった。孫正義はそんなソフトバンクの沈滞ムードを払拭《ふっしょく》しようと必死だったのかもしれない。ウィンドウズの登場を機に、新たな米国戦略に乗り出す。そこに井上雅博が欠かせなかった。ここから井上の人生が一変する。

見込まれた理由

井上は一九九二年六月、ソフトバンク総研からソフトバンク本体に異動になった。その二年後の九四年一月、孫からソフトバンクの社長室・秘書室長に抜擢された。ウィンドウズ95が発売される一年前にあたる。

「あの頃の井上さんはすでに社内で社長より偉い室長だと呼ばれていました。朝、孫さんが出社し、『井上はどこだ』と聞く。すると秘書は『まだ、来てません』と答える。初めはそんな光景が許されているダラダラな社長室長でした」

西牧はそう言う。やがてソフトバンク社内にインターネット準備室が立ちあがり、井上がその陣頭指揮を執った。ソフトバンクがヤフー・インクに出資する少し前のことだ。影山が当時の社内体制についてさらに説明してくれた。

「私は雑誌の編集を兼務していました。インターネット準備室には出版部門からもう一人参加し、合計で一〇人前後のチームでスタートしました。まずはインターネットを社内に持ち込んで自分たちでやってみようと、非常に低速のＬＡＮ環境の回線でつないだ。なにしろすべてが初めてで、しかも貧弱な通信環境ですから、ぜんぜんつながりませんでしたけど」

むろん井上をはじめ、準備室のメンバーはインターネットの知識はあったが、実際に動かすとなると思い通りにはいかない。そうして試行錯誤しながら、インターネット先進国の米国企業を研究した。井上自身、そこから周囲が認める孫の懐刀として、米国のコンピュータ見本市の「コムデックス」やジフ・デービスの展示会・出版部門などの買収交渉に携わるようになる。早くもこのときに井上たちは、米ヤフー・インクの存在に気付いていた。

日本国内でもそうだが、とりわけ米国のコンピュータベンチャーやIT企業というと、洗練された先端企業のイメージがある。だが、もともとその経営実態はこじんまりした個人商店に近い。米国の拠点として置いていたロサンゼルスのソフトバンク・アメリカにも、社員は二人しかいなかった。影山は、この時期に孫や井上とともに米国を旅してきたので、そこも詳しい。

「ソフトバンク・アメリカの社員たちは向こうで『PCマガジン』や『インターネット・ユーザー』といったパソコン雑誌の記事を書いていた記者でした。彼らは経営に携わっていないから、孫さんの相談相手ではありません。また日本のソフトバンクにも、インターネットやネットワーク、サイト関係の事情がわかる人は、ほとんどいませんでした。だから米国でジフ・デービスやコムデックスを買収したとき、相談する相手は井上さんしかいなかったのです」

井上はソード時代にも社長の椎名に見染められ、欧米のコンピュータ事情を視察するため、しばしば海外出張をしてきた。孫はその経験を見込んだのだろう。井上を米国企業との交渉における相談相手に選んだ。必ずしも井上が優秀だと感じていたわけではないかもしれないが、ソフトバンク社内には英語が話せる社員もほとんど見当たらなかった。それも孫が井上を選んだ理由の一つだろう。

英会話の習得術

井上にとって、英会話がビジネスにおいてかなりの武器になってきたのは間違いない。ヤフー・ジャパンを設立したあとも、井上はヤフー・インクのジェリー・ヤンたちと直接交渉してきた。ヤフーの社長秘書だった小島涼子はその様子を間近で見てきた。

「井上さんは海外に住んだことがないので、ネイティブみたいな発音ではないですが、会話には全然困らない。まったく問題なく仕事ができるレベルですから、通訳をつけたこともほとんどないんです」

その英語をどこで学んだのだろうか。

孫自身は九州の久留米大附設高校を中退して米国留学し、高校、大学と当地で過ごしてきたので英会話も流暢《りゅうちょう》にこなす。一方、井上には高校や大学時代の留学経験がなく、外国人と接する機会もあまりなかった。ソード時代にはしばしば渡米してきたが、取引の交渉に立ち会うほどではなかった。

にもかかわらずビジネスで使える英語を話せるようになった。その理由については、ヤフー社内でも首を捻る社員が少なくない。

「実は井上さんはソード時代のアメリカ出張のときには、あまり英語ができなかったみたいです。『会話でけっこう苦労したんだよ』と本人が言っていましたから。そこからどうやってペラペラになったか、そこはちょっとよくわからない」

そう不思議がるのは、ヤフー・ジャパンの設立間もなく、野村證券から転籍し、CFO（最高財務責任者）に就任した梶川朗である。米ヤフー・インクとの交渉をまとめたくらいだから、その頃には会話に不自由しなかったのだろう。改めて社長秘書だった小島に井上が英会話を習得した理由を尋ねてみた。

「一度『どうやって英語を勉強したんですか?』と聞いたことがありました。すると、『ソフトバンクに入って孫さんと海外にたくさん行くようになって必要になったからだ』と言う。『日本にいて、お昼休みとか、時間がぽっかりとあいたとき、仕事で知り合った外国人に電話しまくったんだ』って。そうやって耳を慣らすトレーニングをしたらしいのです。『えー、それだけですか』って思いましたけど、ご本人はもともと国語学者になりたかったそうだから、文章や言語に対するセンスがあったのでしょうかね」

概して日本人はヒアリングが不得意だとされる半面、耳のいい者は語学習得も早いともいわれる。音楽好きな井上は高校や大学時代、写譜のアルバイトをしていた。それを知っている社員は、「演奏を聴きながら、楽譜に書き写す作業を通じ、耳を鍛えたのではないか」と想像する。

母親の和子は、そのこともよく覚えていた。

「雅博は、子供の頃に音楽教室に通って勉強したことなどもありませんから、写譜のアルバイトができたなんて不思議でなりません。でも、高校の頃に入り浸っていた地元商店街のレコード屋で出会った方から、写譜の仕事を紹介されたようです。テーブルにたくさんクラシックの譜面が並んでいました。あるとき見たことのない万年筆が部屋に置いてあったので、本人に聞くと、写譜の仕事を紹介してくれた人からもらったんだと言っていました。とても太い文字の万年筆で、それを使って譜面を書いていました」

　そう話した。

「作曲家の書いた譜面は、素人が見るとぐちゃぐちゃ。ステレオでそのレコードを聴きながら、ピアノやホルンなど楽器のパート別に分け、楽譜を整理していく仕事だとのことでした。高校生だった雅博が『これを演奏者に渡して演奏が始まるんだ』と説明してくれました」

　実際に写譜が英語の習得に役立ったかどうかはわからないが、井上はそれで集中力を養ったといえるかもしれない。孫は井上のインターネットの知識と英会話を買い、ともに米国に乗り込んだ。

第五章
ならずものをかき集めて

二〇〇三年、ヤフー上場の際の井上（左）とジェリー・ヤン（中央）

上―児玉太郎
中―喜多埜裕明（左）
下―宮崎光世

金脈を掘りあてた

「ねぇこの会社、どう思う？」

「いいと思います」

米ヤフー・インクに対するソフトバンクの出資は、二人のやりとりで即決された。念を押すまでもなく、一人は孫正義、もう一人が井上雅博である。新たなビジネスに挑戦する際、迷った孫が問いかけ、井上が自信をもって答える。ときとして井上が反対する場合もあった。いつしかそれが、ソフトバンクが重大局面を迎えたときの二人の恒例儀式のようになる。

米ヤフー・インクへの投資では、間違いなく井上が孫の背中を押した。

ソフトバンクグループの大看板として君臨してきた孫に対し、井上はあくまで腹心という部下の立場を貫いてきた。だが、二人は単なる主従関係にあったわけではない。わけてもヤフー・インクへの投資は、事実上、井上の判断があればこそだといえる。井上はソード時代に米国とのビジネスを培い、それをソフトバンクで生かした。タイムマシーン経営は孫の言葉だが、それを実践してきた人物が井上にほかならない。

ヤフー・インクと提携する最終決断の場は、一九九五年一一月一五日だったとされている。事実、この夜、米国にいるソフトバンクの社員たちがネバダ州にあるラスベガス・ヒルトンに集結した。孫は高所恐怖症なのに、ホテルはいつも高層階の部屋を好んだ。この日も用意したのは二九階のスイートルームだ。眩いばかりの灯りが広がるギャンブルの街を眺めながら、孫が話題にしたテーマが、この年の三月に二人の大学院生が設立したばかりのヤフー・インクへの投資だった。

部屋のソファーに身を委ねていたメンバーは孫と井上のほか、テッド・ドロッタやデビッド・ブルームスタイン、ロン・フィッシャーといったソフトバンク・アメリカの社員だ。もっとも先の影山によれば、米国スタッフはソフトバンクのPC情報誌の記者であり、孫が彼らに投資判断を委ねるわけではない。あらかじめ井上と二人で結論は出ているのだが、米国内のソフトバンクの記者たちを前に、井上の同意を求めた。それが会議の主眼である。

孫はヤフー・インクへの投資について、米ジフ・デービスから薦められた、とのちに明かしている。ジフ・デービスはコンピュータ情報誌「PCマガジン」や「PCウィーク」を発行する米大手出版社として知られた、世界最大のコンピュータ展示会運営会社だ。

ソフトバンクは九四年から、名だたるコンピュータ関連企業への投資や買収を試みてきた。この年の一二月にはジフ・デービスの展示会部門に二一八億円を投じ、翌九五年四月にはインターフェイスグループの見本市「コムデックス」を買収する。さらにジフ・デービス本体の出版部門を二〇〇〇億円かけて買った。投資額はコムデックスが二二六八億円、ジフ・デービスにも合計二二一八億円をかけた。法外な出資である。井上は常に孫のそばでそれらの投資、事業提携について相手企業と交渉を重ねてきた。

米ヤフー・インクについてはもとはといえば、ジフ・デービス社長のエリック・ヒッポーが検索エンジンの有力なベンチャー企業と狙いを定め、出資を計画してきた。しかしソフトバンクがその大元の会社を買収したため、市場の決まりにより、社長のヒッポーはそこに投資できなくなる。そこで、ヒッポーが新たな会社のオーナーとなったソフトバンクに出資を求めたのである。

米国でマイクロソフトのウィンドウズ95が爆発的に売れた時期だ。とはいえ、日本でまだインターネットは普及していなかった。国内のPCマニアは相変わらず電話回線によるパソコン通信を使っていた。検索エンジンの運営会社どころか、インターネットという言葉そのものが知られていない。そんなとき、孫のところに米ヤフーへの投資話が持ち込まれた。

大半が零細企業だった米IT企業のなかでも、ヤフー・インクは社員一〇人足らず。社名すら聞いたことがない会社だ。米国内でもガレージカンパニー扱いされ、孫にとっては他のコンピュータ関連会社の投資に比べ、いかにも見劣りのする投資先といえた。

そこに投資すべきかどうか。その判断を支えたのが井上である。いったん決めると、孫の動きは早い。ヤフーへの投資は、ギャンブラーの孫とPCネットオタクの合作といっていい。

ラスベガス・ヒルトンの会議から二日後、孫はシリコンバレーに出向き、ジェリー・ヤンとデビッド・ファイロに会う。すぐに二〇〇万ドル（二億四〇〇〇万円）の出資を決めた。他の投資からすると、金額も小さい。

あたればめっけもん——。孫にとっては、そんな程度の投資だったに違いない。

米国企業への投資でいえば、大枚をはたいて買収したジフ・デービスやコムデックスはその後経営に行き詰まり、ソフトバンクグループの大きな荷物となる。しかし、ヤフー・インクは大化けした。

「金脈を掘りあてた。ジフ・デービスの唯一の功績は、ヤフーを推薦してくれたことだ」

孫はのちに井上たち側近にそうしたり顔で語った。ここからヤフー・ジャパンの歴史が始まる。

立ち遅れた交渉

ヒルトン会議からおよそひと月経った九五年一二月二〇日、社長室長の井上はシリコンバレーに飛んだ。同じ航空便でサンフランシスコ国際空港に向かった一人が影山工だ。

「井上さんといっしょにジェリーに会いに行ったのは、ちょうどクリスマス前で、街中、飾りがにぎやかでした。親しくしていたＮＥＣ98シリーズの開発者である渡辺和也さんの息子を加えた三人で渡米しました。あまり難しくは考えていませんでした。でも、行ってみると勝手が違った。実は向こうのヤフーにとって、日本と提携する話は、われわれが初めてではなかったのです」

シリコンバレーのヤフー社屋は、雨漏りするような古くこぢんまりとした平屋だった。ポロシャツ姿の若い経営者が、井上たちを出迎えた。それがジェリー・ヤンだった。まさに自動車の倉庫のような社屋で、井上たちは想定外の出来事に遭遇する。

「これが、日本側企業の提案書です」

ヤンは自社の会社概要を説明し終えると、そう言い、いきなりテーブルにいくつかの書類を広げた。驚いたことに、それらは他の日本企業が作成したヤフー・インクとの提携計画書だった。すでに二〇社ほどの日本の商社や通信企業が、出資を持ちかけていたのである。ソフトバンクとの交渉にあたり、ヤンが駆け引きをするために他の提案書を見せつけたのかもしれないが、ソフトバンクはあとからやって来た出遅れ企業だといわんばかりだ。井上たちはいきなり先制パンチを食らった格好である。

ソフトバンクは立ち遅れていた。井上たちはシリコンバレーに行ってそれを痛感させられる羽目になる。井上は巻き返すために必死だった。

なかでも井上たちは老舗の総合商社「兼松」のことが気にかかった。兼松は九〇年代からＩＴ分野に積極的に乗り出していた。かたや井上たちといえば、その手の提案書類すら用意していない。ヤフー・インクとの出資交渉は、いきなり前途多難の様相を呈した。

「私は英語ができないので、井上さんに通訳をしてもらいました。だからジェリーと話したのは、もっぱら井上さんでした」

同行した影山が記憶をたどり、そう話した。前述したように、井上は孫とともにジフ・デービスやコムデックスなど米企業の買収交渉に臨んできたおかげで、留学経験もないのにいつしか英語が話せるようになったという。ふだんは決して口数が多いほうではないが、米国企業相手の交渉現場ではよく舌が回り、理詰めで相手を説き伏せてきた。

井上たちは、ヤンの共同創業者であるデビッド・ファイロを交え交渉に入った。まず立ち遅れを挽回しなければならない。影山が言葉を継ぐ。

「そもそも向こうはソフトバンクを知りません。だから、まずはその説明から始めなければなりませんでした。『われわれはＩＴ関連の出版をやっている』とか、『広告の事業もやっている』、

『ＮＴＴデータといっしょにプロバイダー事業もやっている』と、井上さんは畳み掛けるようにプレゼンしました。ＩＴ関連事業については、他の日本企業は足りない事業分野があるが、こちらはひとそろえ用意している。だからどうだ、といった具合でした」

勝負はスピード

ヤフー・インク創業者の一人、ジェリー・ヤンは台湾に生まれ、台北市で幼少期を送った。二歳で父親を失い、英語と演劇の教師だった母の手によって育てられている。母親とともに米カリフォルニアに渡り、「致遠《チーユエン》」という名を改めた。スタンフォード大学で電気工学を学び検索エンジンの会社を立ち上げたのは、前に書いたとおりだ。

同じ理系でもろくに大学の講義に出ずに遊びほうけていた井上とは暮らしぶりが異なる。だが、なぜか二人は初対面からウマが合った。

井上たちには強みもあった。それが、「ユニックス・ユーザー」のあとに始めたソフトバンクの発行するＩＴ雑誌「ヤフー・インターネット・ガイド」だ。もとはといえば、ヤフー・インクとの関係はそこから始まっている、と影山が言葉を加えた。

「私たちは九四年頃から米国で開かれていたインターネット・ワールドという展示会を見に行き、ジフ・デービスと情報誌『ＰＣウィーク』のライセンス契約を結びました。その展示会で、たまたまヤフーの検索サイトが目に留まったのです。もともとテレビガイドのような感覚で、『インターネット・ガイド』というサイトのカタログ雑誌を発行していたので、そのシリーズの一つとして、ヤフーサイトを紹介しようとしました。で、実際にヤフーの編集幹部と会って話をし『ヤフー・インターネット・ガイド』というタイトルの雑誌を始めました。ジェリーに会う前からヤフーと取引していたことは、私たちにとっては好都合でした」

実際、ヤンは日本でヤフーの情報誌を発行しているソフトバンクを身近な存在に感じたようだ。そこから一挙に話が弾んだ。そうして他の日本企業を尻目に、井上はヤフー・インクとの提携にこぎ着けた。他社を退けられた理由は何か。影山に尋ねた。

「日本のIT商社はけっこうヤフー・インクに働きかけていましたから、出し抜いたわれわれは恨みを買ったかもしれません。なぜ立ち遅れたうちがひっくり返せたかというと、彼らの提案が緩かった(時間をかけすぎていた)おかげかもしれません」

影山はビジネスのスピード感を強調した。

「たとえば出資するにしても、他社は一年間マーケティングしてそれから、という格好。それに対し、われわれは今すぐにやりましょう、と井上さんが提案しました。あとから聞くと、実は向こうもそれを期待していたらしい。そのスピード感がいちばん効いたと思います」

井上は初対面の場で、ヤフー・ジャパンの設立を申し出た。それも功を奏した。ヤンとファイロは二人とも日本への留学経験があり、日本贔屓でもある。とりわけヤンは日本人女性と結婚し、ずっと日本文化への憧れを抱いてきたので喜んだ。井上からヤフーの日本法人設立計画を聞いて身を乗り出した。

「ヤフー・ジャパン、いいねぇ」

そうしてヤンは迷いなく、ソフトバンクの井上を事業パートナーに選んだ。

「井上さんのビジネスにおける功績について話は尽きません。私たちは、ヤフー・ジャパンを通して出会ってすぐに友だちになったのです」

井上のお別れの会でも、参列したヤンは故人をこう偲んだ。

「井上さんは、本当にたくさんのことを私に教えてくれました。日本で素晴らしい会社を設立する方法に限らず、日本文化のあらゆる面において、井上さんは私の先生でした。最高のお寿司の正しい食べ方、お酒の飲み方、二次会のラーメンの見つけ方……。必要に駆られてではなく、私たちはお互いのことが好きだったからこそ、ともにときを過ごしたのです」

年明け早々にヤフー・ジャパンを立ち上げると約束した井上は、ヤンを連れてシリコンバレーの中心街であるサンノゼに繰り出した。

「新会社は二、三人いればできる。とにかく始めよう」

井上とヤンは夜の街でそう語り合い、盃を重ねた。井上と影山はサンフランシスコから成田空港に到着すると、そのまま東京・日本橋の水天宮前のビルを間借りしていたソフトバンク本社に向かい、孫への報告を済ませた。

社長室の片隅で「創業」

井上が米国から帰って二週間あまりが経ち、一九九六年の松があけた。一月八日だ。

「今年をインターネット元年とする」

孫正義が井上や影山たちを前にそう一席ぶち、ヤフーの日本法人が産声をあげた。四日後の一月一二日には、シリコンバレーからジェリー・ヤンが来日し、サービスの開始を四月一日に決めた。そこから日本初のインターネットのポータルサイト開設に向け、本格的にヤフー・ジャパンが動き出す。

もっとも、新会社の設立といっても井上たちに新たなオフィスが与えられたわけではない。サイト開設に向けた作業は、社長室の一角をパーテーションで区切っただけのスペースで始まった。そこに置かれたデスクの一つに井上が座り、影山といえば、相変わらず出版事業部門を兼務しながら、サイトの開設に備えた。影山が創業時の苦労を思い起こした。

「とにかく経費を節減しなければならない、と井上さんに命じられました。だから必要な事務の備品なども、ソフトバンク社内の他の部署で〝廃棄〟と書かれた紙を剝がし、使い捨てられていたものばかりを使った。技術系の社員を呼んで会議を開くときは、狭すぎるので別の部屋を用意していました。そうして社長室隅のパーテーションの中で、井上さんを中心にヤフー専任のソフトバンク社員の二人とともに事業をスタートさせました」

ヤフー・ジャパンの初代社長はソフトバンク社長の孫が兼務したが、パーテーションの小さなスペースには足を踏み入れない。この頃からすでに井上がトップである。ソフトバンクグループで出版部門の責任者を務めてきた影山は、そんな井上をずっと支えてきた。

「一月の会社設立までの間、井上さんが計画をまとめるため、年末にもう一度アメリカに行ってジェリーが日本に来た。そのあとが大変でした。つまり、四月一日にサービスを開始すると決まり、そこまでにどんな姿のヤフー・ジャパンを世間に見せるか、それを決めなきゃいけない。アメリカのヤフーはいろいろなサービスがそろっていたけど、日本でそれを全部やれるかどうか……」

ヤフー・ジャパン設立と同時にソフトバンクから配属されたエンジニアが、西牧である。前述したように西牧は孫のつくった日本データネットのエンジニアで、井上といっしょにPC情報誌に携わってきた。それが、ソフトバンクからヤフー専従となった三人のうちの一人となる。

「ある意味、ヤフーで最初にやったことはすごく単純でした。インターネットは回線、サーバー、OS、アプリケーションを機能させ、お客様のところへ情報、サービスを届ける。ヤフー(・インク)というアメリカの成功事例があるので、それをそっくり日本にもって来ればよかった。ただし、三ヵ月でサービスを始めなければならないので、準備がまるでできていませんでした。サーバー一つとっても、ソフトバンクで使っていないパソコンを持ち込んで仕立てたり。作業は徹夜の連続で、ありえないような危なっかしい橋を渡ってきました」

ヤフー・インクは、ニュースや買い物、飲食、娯楽などとカテゴリーごとに分類されたサイトを検索できる。いわゆるディレクトリー型サービスである。はじめはヤフー・ジャパンでも、同じことをやろうとした。トップページを翻訳すれば、パソコン画面上の見た目は言語が違うくらいだ。

だが、やはりそう単純なものでもない。エンジニアの西牧は自分自身がいた日本データネット時代の部下をヤフー・ジャパンの当初メンバーとして引き入れ、米ヤフー・インクに派遣した。

これもかなり危なっかしい話だった。

「もともと彼は、電話のオペレーターのアルバイトとして日本データネットに入ってきて、『誰かプログラムづくりをやりたいやつはいないか』と社内で声をかけたときに手を挙げ、エンジニアになった人物でした。で、その積極性を買い、ヤフー・ジャパンのシステムをつくるとき、英語もできないのに一人で米国に行かせた。それでも彼はちゃんとサーバーの仕掛けを持ち帰ってきました。彼はやがてヤフーのトッププログラマーになりました。燃え尽き症候群とでもいうのか、創業をやり切ったあと、ヤフーを辞めましたが、今でも年に一度は会います」

もとよりパーテーションの中の専従三人だけでは、ポータルサイトが立ち上がるわけがない。井上は新たな社員を募集し、自ら面接して多くのタレントを見いだしていった。

おかしいから採用

「なにしろ四月までに米ヤフーのサイトを三ヵ月でそっくり日本語版につくり変えなければならないわけですからね。回線、サーバー、OS、アプリケーション、ネットの仕組みのすべてに熟知していて全体像を見渡せる人材が必要でした。すべての技術に熟知していて、この先に雇うエンジニアたちを広範囲に指示できる人が欲しかった。そんなときアメリカの（通信大手）AT&Tで働いていた技術者が、たまたま（ヤフー・ジャパンの採用に）応募してきたのです」

西牧がこう回想する。

「その人を井上さんと僕の二人で面接しました。『あいつ、どう見てもおかしいよな』と井上さんが言うほど、普通ならどこにも就職できないような変わったタイプ。年齢も井上さんと同年代で、そう若くもない。でも『だから、採用だよな』と二人とも妙に納得し、ヤフーに入ってもらいました。誰かの指示を待って仕事をする優秀なサラリーマンタイプでは絶対できなかったし、彼がそうでないのは明らかでしたから」

もちろんインターネットの知識を見込んだ上での採用であり、そのエンジニアは今でもヤフー・ジャパンのCISO（最高情報セキュリティ責任者）として勤務している。さらに、西牧がこう言葉を足した。

「そのくらい切羽詰まった状況でした。でも、彼は期待どおり、ちゃんとおかしいまま、技術屋のトップとして新たに入ったエンジニアたちをまとめていきました。彼がいなければ、ヤフー・ジャパンのサイトは立ち上がらなかったと言っても、言い過ぎではありません」

米国のヤフー・インクとは異なり、ヤフー・ジャパンでは当然のことながら日本人のサイトユーザーが検索エンジンを使い、目的に応じたサイトを探す。したがってユーザーのたどり着くサイトは日本人向けのそれでなければならない。ごくわかりやすくいえば、日本でヤフーという単語を検索すれば、ヤフー・ジャパンのホームページにたどり着く。が、それが米国のヤフー・インクだったら困るわけだ。

現在の検索エンジンでは、ロボットを使って機械的にサイトを探すシステムができあがっているが、当時はそんな便利なものはない。ヤフー・ジャパンを立ち上げるにあたり、なにより検索後にたどり着くそのサイト探しと登録が大変だった。手作業でサイトを探してきて分野ごとに仕分けし、ヤフーのホームページに登録する。その技術者をサーファーと呼ぶ。サイトを探し出すには、サーファーを使った人海戦術によるマンパワーが頼りだった。

四月一日のサービス開始を義務付けられた井上たちは、文字どおり猫の手も借りたい慌ただしさだった。そこで頼った一人が、東大生だった孫の実弟、泰蔵である。井上の弔辞でジェリー・ヤンが紹介したように、孫泰蔵もまた、日本のインターネット黎明期にかかわった人物として知られる。東大仲間と設立した学生ベンチャー「インディゴ」が、ヤフー・ジャパンに載せるサイトの登録作業を担った、と半ば伝説的に語られている。

だが、現実にはそう甘くはない。先の影山は、次のように話した。

「インディゴの彼らはサイトの登録を必死にやっていましたが、四月一日までに目標のサイト登録数が間に合ったかどうか。なにより登録サイトやそこに載せる広告の出来が悪かった。それでサービスを開始してから、われわれはサイトの修正作業に追われました。『お掃除プロジェクト』と呼んで、井上さんとともに一年ぐらいかけて登録を取り消したり、手直ししたり、いろいろ修正しました」

ソフトバンクで出版事業の中核を担ってきた影山は、ヤフー・ジャパンが立ち上がったとき、サイトの記事や広告などすべてを統括する初代ヤフー編集長となる。

エロサイトの修正

まさに栃麺棒《とちめんぼう》を振るように慌ただしく始めたヤフー・ジャパンのサービスは、少なからず問題を抱えていた。そこを井上や影山が見直していったという。西牧にも当時の様子を聞いてみた。

「影山さんは非常にしっかりとした出版系の人でした。当時は広告を出してくれる中に怪しい会社もいっぱいありましたので、影山さんは、『こんなのを出していたら、サイトの品を落とす』とそれをバサバサ切っていきました。真面目で、主張を曲げない人でした」

新聞やテレビ、雑誌などの広告には、一定のクライアント審査があり、反社会的な企業や団体は広告の掲載を許されない。だが、インターネット広告は規制が緩く、今もときおり反社会的な広告が問題になる。とりわけ井上は、サイトの社会性を気にした。西牧はこうも言った。

「いかがわしい健康食品やネズミ講まがいのネットワーク販売サイトなどにも規制がありませんから、そういう会社のサイトがけっこう載っていました。もともとインターネットは、アダルト系のエロサイトによって広まった背景もあります。以前のヤフーにもアダルトカテゴリーがあって、ユーザーのアクセス数は、圧倒的に日本一でした。今はカテゴリーそのものがありませんが、エロサイトの検索は、いまだにすごい量だと思います。そのサイトを一つ一つ見て手作業で消す担当者を置いていた。その担当者は日本でいちばんエロサイトを見ていたでしょうね」

そうして立ち上がったヤフー・ジャパンには、むろんライバルがいなかったわけではない。グーグルをはじめ、グーやMSNジャパン、エキサイト、ビッグローブ、ニフティ、OCN、ソネット、フレッシュアイ、インフォシーク……。今でもそれらは存在する。だが、六七〇〇万人のユーザーを誇る現在のヤフー・ジャパンと比べると、利用者の数は相手にならない。

そこまでの巨大ポータルサイトにしたのは、井上であり、影山たちヤフー草創期の幹部社員たちである。現在社長を引き継いでいるＣＥＯの川邊健太郎は、そんな井上の経営手腕の一つとして、人材の発掘を挙げる。

「井上さんの残した名言はいくつもありますが、その中でも『自分に理解できない人は採用する』という言葉が印象に残っています。言ってみれば、井上さんにとっては僕もその一人でしょう。初めて会ったとき、ひと晩、モバイルインターネットの話を聞いてくれました。その結論が『よくわかんないな、言っていることが……』でした。結局、僕も、それで認められたんだなと思います」

井上は独特の感性で社員を雇用してきた。その採用基準については明確な説明ができない、とヤフーの幹部たちは異口同音にそう言う。たとえばヤフー・ジャパンの採用第一号の有馬誠は、求人情報誌のリクルートからの転職組だ。社員番号は五番である。

まだ社員が五〇名ほどしかいなかった一九九七年二月当時の社内組織図を見ると、会社は「営業企画部」「技術（業務）部」「サーファーチーム」「編集部」「管理室」で組織され、それぞれに部長級の社員が就いている。事業を推進する上での中核が、営業企画部とサーファーチームであり、井上は入社後ほどなくして有馬を営業企画部長に抜擢した。そこから有馬は社員採用面接に立ち会ってきた。現在当人は楽天副社長に転じているが、井上を中心にこの有馬や初代ヤフー編集長の影山をはじめ、草創期のメンバーたちがインターネット帝国の礎を築いていったのは間違いない。

「ならずもの」を好んだ

のちにヤフー・ジャパンのCOO（最高執行責任者）となる喜多埜裕明もまた、井上の採用した幹部社員であった。社員番号三一番の喜多埜本人に会えた。

「社員番号は初代社長の孫さんや監査役の人なんかにもついている。実際にヤフーで働いていた以外の人にもついていたので、私がヤフーの三一番目の社員というわけではありません。私が入社したときの社員は、もっと少なく、二〇人くらいだったと思います」

喜多埜は早大教育学部を卒業したのち、八八年四月に学習塾経営の桧林社《かいりんしゃ》に就職した。桧林社はいち早くパソコン教育を取り入れた会社で、喜多埜は入社ひと月後の五月に米国法人Kairinsha Int'lに出向し、そのまま同社の副社長となる。といっても、日本はもとより米国でもほとんど知られていない会社だ。

その喜多埜は米国から帰国し、ヤフー・ジャパンの設立された一年後の九七年二月に入社している。こう話す。

「大学を出たあと、一〇年ぐらいアメリカに住んで仕事をしていました。おかげで他の人より早く、米国のAOL（アメリカ・オンライン）やコンピュサーブなど、パソコン通信に触れることができました。そのあとアメリカのヤフーができてインターネットサイトを使うようになり、帰国したとき、ちょうど日本にもヤフーができたと知って応募したんです。管理部の面接のあと、井上さんと有馬さんの二人にお会いして入社しました」

井上は喜多埜をすぐさま営業管理チームのリーダーに据える。ヤフーの社名の語源である無名の「ならずもの」を好んで雇い入れていった。

〈Yahoo!という名前は、〝Yet Another Hierarchical Officious Oracle（さらなる階層的でお節介な神託）〟の略だといわれていますが、デビッドとジェリーの二人は自らをならず者（yahoo）だと思っているからこの名前を選んだと主張しています〉

ヤフー・ジャパンのホームページ（ＨＰ）は、社名の由来についてそう書く。ヤフーで初めに手掛けた井上の大きな仕事が、〝有能〟な社員の確保だ。日本で誕生したインターネットのパイオニアは、井上が探し出した日本人の「ならずもの」たちの手によって躍進した。

四大メディアへの挑戦

喜多埜は米国における会社経営の経験を買われ、営業管理チームのリーダーに抜擢された。当初のヤフーのビジネスについて、次のように説明してくれた。

「入社するといきなり業務のチームを持たされました。仕事は広告営業の管理です。当初のヤフー・ジャパンのビジネスモデルは、一〇〇％近くを広告収入に頼っていました。簡単にいえば、ヤフーの登録サイトに広告を張ってお金を頂戴する。ユーザーがサイトに立ち寄り、そこで見たページのビューが多ければ多いほど、収入が上がる仕組みです」

ＩＴビジネスといえば、難しく聞こえるが、とどのつまり広告業である。テレビと同じく広告料収入で稼ぐそのビジネススタイルは、今もさほど変わらない。

「日本の広告市場は、六兆円もあるんだぞ。そのうち新聞、雑誌、テレビ、ラジオの四大マスメディアだけで、四兆円も稼いでいるんだ」

井上は入社したばかりの喜多埜に対し、口癖のようにそう繰り返した。

「だから喜多埜、インターネットもせめて兆を売り上げられるようにしていきたいよな。一兆円のうち三割がヤフーの年商として三〇〇〇億円だ」

ヤフー・ジャパンの年商が、五億円にも満たない時代である。井上は大まじめにそこを目指した。

一九九六年一月三一日、ソフトバンク六〇％、米ヤフー・インク四〇％の出資比率で正式に設立されたヤフー・ジャパンは、明くる九七年一一月四日、早くも店頭市場に株式の公開を果たす。そこから六年後の二〇〇三年一〇月二八日には、東証一部市場に株式を上場した。この間の急成長ぶりは、改めて念を押すまでもない。

その実、ヤフー・ジャパンの成長は、試行錯誤と失敗の連続の上に成り立っている。

「なにしろサイトに広告を張る作業が手張りでしたからね」

喜多埜が当時を顧みる。

「ざっくり言うと、エクセルで管理して広告をウェブページに反映させる。それが手作業なので、トラブルがいっぱい起こっていました。酷いケースでは、料金だけもらい広告を張り忘れたりしましてね。僕は入社早々、井上さんから、その広告管理のリーダーをやってくれ、と言われ、大変でした」

今はロボットがウェブサイト全体を管理し、自動的に広告を掲載するシステムができあがっているため、この種のトラブルはない。だが、当時はすべてが手作業なので、トラブルが頻繁に起き、クライアントからのクレームが殺到した。

「たとえばヤフーのトップページに広告を張れば、そこにはユーザー誰もが立ち寄るのでページビューがものすごく多い。すると、クライアントは喜ぶ。ならトップページに大切な優良クライアントを載せればいいか、といえば、そんなに単純でもありません」

喜多埜がさらに説明を加える。

「仮にクライアントから『一ヵ月ページビュー五〇万回分の広告を出してくれ』と依頼されたとします。クライアントとしてみたら、てっきり一ヵ月のあいだ平均的に毎日広告が掲載され、トータルで五〇万回分の広告が出ると思う。ところがトップページに近いところだと、最初の一日で三〇万回分のページビューとなり、あとはほとんど広告が出なくなる。すると、『いったい、どうなってるんだ』とお叱りを受けるのです」

近頃しばしば耳にするページビューとは、インターネットサイトにおけるアクセス数の指標である。有り体にいえば、ウェブページの閲覧回数であり、ユーザーがウェブページを一画面開けば、一ページビューとなり、その回数に応じて広告料金が決まる。

もともとヤフー・ジャパンのトップページは、米ヤフー・インクを真似て、ニュースや天気、旅行、金融、スポーツといった具合にカテゴリーに分類されていた。インターネット・ユーザーは、トップページからそれぞれのカテゴリーを選び、ウェブサイトを開く。そのカテゴリーがさらに分岐していくため、次第にサイトを見る人数が減っていくのである。

いきおいトップページと分岐後のウェブサイトでは、ページビューの回数が大きく異なる。トップページに近ければ、ページビューが多いため、想定していた広告の出稿回数をわずか数日で超えてしまい、クレームがついた。喜多埜が、こう苦笑する。

「ページビューがオーバーすると、手作業で広告を引っ込めるしかありません。また、逆もあります。一ヵ月五〇万回のページビューで、と依頼されているのに、二七日たったところでもまだ三万回にしか到達していないケースもある。それやこれやで、クライアントからいっぱいお叱りを受けてきました」

気になるウェブサイトを一度見ると、そのあとはインターネットをつなげるたびに連動広告が画面に現れる現代のAIシステムとは、隔世の感がある。が、米ヤフー・インクをはじめ、当時は米国でもこうした原始的な手作業で検索システムやポータルサイトを運営していた。井上は日本でそのクレーム処理を徹底し、ヤフー・ジャパンを広めたのだという。

日本一のネットの使い手

参考までにいえば、会社を設立した九六年の三月決算におけるヤフー・ジャパンの売り上げは、わずか六三万六〇〇〇円しかなかった。それが、インターネットを開設して一年経った九七年三月期には四億一三〇〇万円となり、さらに二年後の九八年三月期には一二億六九〇〇万円、と前年の三倍以上に跳ね上がっている。三年後の九九年三月期の売り上げが一九億一五〇〇万円、四年後の二〇〇〇年三月期が五六億九六〇〇万円といった塩梅だ。まさしく急カーブを描きながら業績を伸ばしてきたといえる。この急成長は広告クライアントの信用の証でもあった。

「井上さんはインターネットのシステムについて非常に詳しく、おまけに企業経営やビジネスの手腕にも長けていました。その両面を兼ね備えているところが強みです」

喜多埜は何度もそう強調した。彼もまた多くの幹部社員と同じく、井上の信奉者である。

「広告営業は、ソフトバンクと電通の合弁でＣＣＩという代理店を設立し、そこが担っていました。ただ、電通をはじめ当時の広告代理店は、やはり新聞やテレビなどの四大メディアを相手にするビジネスしか頭にないわけです。そんな中でトラブルが起きるが、ＣＣＩはクライアント対応をしない。なので、『お前、やれ』と井上さんからクライアントとの交渉を命じられました。もっぱら取引先に始末書を書くのが、僕の役割でした」

インターネット事業では、ヤフー・ジャパンよりひと足先に米インフォシークが日本に上陸し、続いてＮＴＴグループのグーや日本の商社もポータルサイト事業に乗り出していた。だが、井上はそれらのライバル企業を出し抜き、瞬く間にヤフー・ジャパンをトップ企業に押し上げた。その実績について喜多埜はこう評した。

「苦労はしましたけど、今考えると、井上さんには、孫さんに進言してインターネットを日本にもってきた自分こそが、日本一のインターネットの使い手だという自信があったのでしょうね。ＮＴＴがやろうが、日本の商社がやろうが、負けるわけがない、と。控えめな売り上げ予想を立てると、『喜多埜、なんで二〇％しか伸びないの？　この勢いだったら五〇％だろう』と叱られ、実際にそれ以上になりました。僕は入社当時三四歳でしたけど、もっと若い連中が（登録サイトを見つけてくる）サーファー部で頑張っていましたので」

ヤフー・ジャパンのインターネットサービスは、大きく二つに分けられる。一つが検索サービスだ。現在のように、キーワードを入れれば自動的に関連ページを探してくれるような機能ではない。当初のヤフー・ジャパンのトップページは、ニュースや天気、旅行といったカテゴリーに分類され、ネットユーザーはそこにあらかじめ登録されたサイトを選んで見る。

そしてもう一つが、プロパティと呼ばれたヤフー独自のサービスである。そこではユーザーが、ヤフーファイナンスやヤフーショッピングといった目的に応じたヤフー・ジャパンのサイトを閲覧する。米ヤフー・インクのインターネットビジネスは、検索サービスから始まり、そこからファイナンス情報のような独自のプロパティサービスを開発していった。ヤフー・ジャパンでも、それと同じように新たなサービスに取り組んだ。

井上はその両輪を機能させるべく、新たな社員の発掘に力を入れ、二つのサービスに人材を配してきた。

井上のあとを継いで二〇一二年四月にＣＥＯ、同年六月に社長に就任する宮坂学もまた、井上の目に留まった秘蔵っ子の一人である。

一九六七年一一月、山口県防府市に生まれた宮坂は九一年三月、京都の同志社大学経済学部を卒業したあと、編集プロダクション「ユー・ピー・ユー」を経て九七年六月にヤフー・ジャパンに入社した。

「もともと僕は新聞記者になりたくて毎日新聞を受け内定をもらっていましたが、断ってしまいました。するとたいていの企業の採用が終わっており、弱りました。大学でダブ（留年）って出遅れていますから、やはり厳しかった。最初の就職先に恵まれていたら、たぶんヤフーには行かなかったでしょうね。初めに入ったのが、ユー・ピー・ユーという編集プロダクションでした」

宮坂がなかば冗談めかして就活時代をこう懐かしんだ。

「編プロの仕事は、売り上げのほとんどが企業広報誌の採用ページやPR誌の編集でした。圧倒的に活字メディアの仕事が多かったのですが、インターネットもやっていて、Ｍａｃ（マッキントッシュ）を使わせてくれるので最初は夢のようなところだと思いました。それで日本電産や三洋電機のホームページをつくっていました。ところが、会社の業績がだんだん落ち込み、生活に困るようになっていきました。このままの仕事をやっていたらメシが食えない、と思い始め、それで、蜘蛛《くも》の糸をつかむような思いで、応募したのが、ヤフー・ジャパンでした」

ユー・ピー・ユーでは、六年働いてボーナスはたった二回、それも一回あたり二万円程度だったという。そんな宮坂がヤフー入りしたのは、三〇歳になる少し前だ。井上がソフトバンク入りしたときとほぼ同じ年齢である。入社後、宮坂は営業企画部に配属された。そこから人生がガラリと変わる。

「当初は広告営業に配属されるのかな、と思っていました。編プロ時代も、企業のPR誌をつくるために営業していましたし、嫌いではありませんでしたから。でも、なぜかプロデューサーとして管理チームを任されるようになりました」

概してプロデューサーは、映画や演劇、放送番組などの制作責任者を指すが、ヤフー・ジャパンでは新規プロジェクトや大幅に業務をやり替える事業部門の責任者をそう呼んだ。宮坂が手掛けたのは、ヤフー・ジャパンが始めた東京証券取引所の株価情報サービス「ヤフーファイナンス」だった。広告営業に回されると思っていた宮坂は面食らったが、それがヤフー・ジャパンにおける宮坂の最初の仕事だったという。

「僕は井上さんから、プロデューサーとしてサービスの責任者をやれ、と命じられました。九七年三月四日に発足したばかりのヤフーファイナンスを、六月二日に入社した僕に任せるというのです。アメリカではすでに二〇分遅れのほぼリアルタイムで株価情報を更新していましたが、ヤフー・ジャパンにはそんなデータもない。当時のヤフーファイナンスは（東証の）終値を一日一回更新していただけでした。井上さんから『それではダメなんだ』と言われ、やらざるを得ませんでした」

宮坂はそれまで一日一回、終値だけだった東京証券取引所の株価情報の更新を二〇分ごとにした。宮坂の言葉には、大企業の経営者にありがちな妙な力みを感じない。

「東証には相場報道システムという仕組みがあり、そことつないでデータをもらおうとしました。当時はまだ東証さんがインターネットの会社に情報を配信する前例などなかったのですが、認めてもらうように営業しました。ライバルサイトよりも早くやれ、というのが、井上さんから与えられた僕のミッションでした」

いまやウェブサイトへのファイナンス情報の配信は当たり前のようにおこなわれるが、当時は日経新聞の数字を拾い、サイトに載せていただけだったという。なぜ、新聞やテレビなどの既存のメディアと同じように配信を受けられないのか。そう考えた井上は宮坂に命じ、ヤフーファイナンスのサービスを整えていった。

井上にとってインターネットビジネスは、四大メディアに対する挑戦のように見えなくもない。それが結果的に挫折するのは、ずっとあとのことである。

タイムマシーン経営の難しさ

「私は（日本の）大学院を卒業したあと、カリフォルニアのシリコンバレーに移ってきました。スタンフォード大学でお茶をしていたとき、友だちが、『私の彼はジェリー・ヤンという検索エンジンを運営している人なんだ』と言う。その友だちが晶子さん。驚きました。『エッ、その検索エンジンって、ジェリーとファイロのイエローページのことなの？』と尋ねたら、まさにそうでした。たまたま私もイエローページを使っていたものですから」

米ヤフー・インクの元バイスプレジデント奥本直子に会うと、ジェリー・ヤンとの奇妙な出会いを明かしてくれた。「ジェリーとファイロのイエローページ」は、二人が初めて取り組んだ検索エンジンサイトであり、一九九〇年代半ばスタンフォード大に通う学生に広まった。彼女もそれを好んで使った一人だという。大学時代にファイロとともに日本に留学したヤンが、人類学を学んでいた晶子と出会って九七年に結婚したことは前に書いた。晶子を通じて起業したばかりのヤンと知り合ったという奥本は、二〇年以上前の出来事を瞼に浮かべた。

「ジェリーと知り合ったとき二人はまだ結婚していませんでしたが、彼女といっしょに住んでいたアパートメントに遊びに行くようになりました。アパートは小さな普通の部屋でした。結婚してしばらくジェリーはまだそんな大金持ちに感じませんでしたけど、気が付くと生活レベルがどんどん上がっていきました。クリントン（大統領）さんなんかとも、食事をするようになっていた。でも、私の生活はそんなに変わらない。で、こんなセレブが私の友だちだというのもどうかな、と思って、しばらく身を引いて付き合いを控えていました」

シリコンバレー最大の成功者の一人に数えられるようになるジェリー・ヤンは、孫や井上のタイムマシーン経営に力を貸してきた。奥本はそのタイムマシーン経営を米国側から見てきた日本人女性だ。奥本自身、二〇〇三年に米ヤフー・インクに入社する。

「入社はたまたまです。入社したときジェリーが（創業以来名乗っていた〝ヤフー族の長〟を意味する）チーフ・ヤフーというふざけた肩書になっていたので、『何よ、この肩書は。縁あってヤフーに入ったんだから、無視しないでね』とメールしました。すると、『オフ・コース』と返信が来て、ランチをして再会したのです」

奥本はやがてジェリー・ヤンを支え、日本の井上や孫たちと米国のヤフー・インクとの橋渡し役を務めるようになる。カリフォルニア・ミッレ・ミリアレースで井上が事故に遭ったとき、ヤフー・インクのバイスプレジデントとして、ヤフー・ジャパンの社長だった宮坂学らに真っ先に訃報を伝えたのも彼女だ。

奥本が入社したときはすでに日米のヤフーが提携し、日本法人が設立されて七年ほど経っていた。ヤフー・ジャパンはその頃、九七年の株式公開や二〇〇〇年の株価一億円の突破など、瞬く間に大きくなったベンチャー企業という側面ばかりがクローズアップされていた。

だが、そのタイムマシーン経営は、世間で見られているほど単純でも、すんなりいったわけでもない。奥本が自らの体験をこう話してくれた。

「入社して再会したジェリーから『実は困っていることがあるので、相談に乗って欲しい』と言われたのです。『ひょっとして結婚がうまくいっていないの?』と聞いたら、『それは大丈夫なんだが、実はヤフー・ジャパンの井上社長からヤフー・インクのサポートが悪い、とガンガン文句を言われているんだ』と言うのです。『僕としてはちゃんとサポートをしているつもりだから、何がいったい問題なのかちょっと探ってくれよ』と。それで私は井上さんと交渉するようになったのです」

それが奥本と井上との出会いだという。奥本がITビジネスにおける日米の提携やタイムマシーン経営の難しさについて、説明してくれた。

「当初、ヤフー・ジャパンはR&D(研究開発)のコストを使わず、タイムマシーン方式でヤフー・インクのテクノロジーを日本にもってきただけでヒット商品を作った。それで飛躍できた面がたしかにあったと思います。ところがその後、ヤフー・インクが新しいプロダクト(製品)を開発してヴァージョンをあげていったのに、日本では五つも六つも前のヴァージョンを使っていました。アメリカに比べ、メール送信やダウンロードがスムーズにいかず、時間もかかって非常に使いにくい。それで、井上さんたちから、どうなっているんだとクレームが入ったのです」

井上たちは米国側にヤフーのライセンス使用料を払ってきた。日本でインターネット利用者が急増し、売り上げが飛躍的に伸びるのに比例し、ライセンス料も莫大になった。だが、本家のヤフー・インクに比べ、日本は検索エンジン一つとっても見劣りがした。

なぜ日本だけが使い勝手の悪いプログラムを使わされているのか。井上は疑問を抱いた。しかし、インターネット黎明期の日本では、一見、そんな単純に思える素朴な疑問を抱く人間でさえ、井上ぐらいしかいなかったのである。やや専門的な話を奥本が続けた。

「ジャパン側のヴァージョンが遅れていたのは、ナレッジトランスファー（知識の移転）がなかったからです。プログラムは本来、他のエンジニアが作ったソースコード（もとになる文字列）を解析し、それを日本語なりにローカライズして発売します。そのため日米のエンジニア同士が共通の知識を持つ必要があり、ナレッジトランスファーなり、解説書がないとうまくいかないのです」

ソースコードは企業秘密で、そこにアクセスして閲覧できるのはライセンス契約を結んでいる者同士である。とどのつまりヤフー・ジャパンの立ち遅れた原因は、日米エンジニアの基本的な知識の差であり、コミュニケーション不足だった。井上はそれを解消すべく、自らヤンとコンタクトをとりながら、まさに手探りで日本のインターネット産業を切り拓いていったといえる。

急成長の立て役者たち

現在、ヤフー・ジャパンの年間売り上げは、九〇〇〇億円を超える。むろん以前のように広告収入だけではないが、事業規模は七〇〇〇億円の受信料を誇るＮＨＫをはじめ、新聞各社やテレビ各局の名だたる大メディアをはるかに凌いでいる。

そのヤフー・ジャパンの広告収入を下支えしているのが、ウェブサイトの閲覧回数であるページビューだ。たいていウェブサイトの運営企業は、ひと月あたり一億を超えれば赤字を免れ、ひとまず安堵する。一方、ヤフー・ジャパンのそれは、桁違いの七五〇億ページビューを数える。インターネット業界のガリバーと呼ばれる所以《ゆえん》が、そこにある。

井上は自らヤフー最大のヘビーユーザーをもって任じていた。取材したヤフー・ジャパンの幹部社員たちは、そんなパソコン、インターネットオタクの井上を敬愛してきた。そして傍にいた彼らもまた、井上とよく似ている。

「今から振り返ると、井上さんが会社の創業期に採用した社員たちには、共通点がありました。インターネットが好きでたまらない人間ばかりだということです。それが、ヤフーの成功した最大の理由かもしれませんね」

東京・赤坂にあるヤフー・ジャパンの役員応接室で取材した前会長の宮坂は、そう分析する。当初のヤフー・ジャパンにおける主力事業は、あくまで検索サービスである。検索したカテゴリーページに掲載するサイトが重要であり、それを探し出してくるサーファーチームが、社内の花形であった。

サービス開始時、大学生アルバイトの手を借りた人海戦術でやりくりしてきたところから、本格的な検索サービスを確立するためには、もっと使い勝手がよく便利なサイトを見つけ出さなければならない。

井上は新たなサーファーの獲得に力を注いだ。その井上の眼鏡に適ったサーファーたちが、ヤフー・ジャパンのユーザーを爆発的に増やす。ヤフー急成長の立て役者となる。

社員番号三六番の宮崎光世《こうせい》は、ヤフー・ジャパンにおける初期の社員サーファーだ。創業から一年後の一九九七年三月に入社した。こう振り返る。

「既存のメディアに対し、インターネットはいわばカウンターメディアとして生まれました。当初、その活動の中心が、サーファーという職種でした。そこは、荒くれ者というか、癖のある人たちの集まりで、楽しくて仕方ありませんでしたね」

井上はその荒くれ者を操り、日本独自のサービスを生み出そうとした。

高学歴の荒くれ者

宮崎は、東京大学理学部から大学院に進み、ヤフー・ジャパンに応募した。東大の大学院を中退し、インターネットビジネスの世界に飛び込んだ異色の新入社員である。

「大学では地理学を専攻していました。院に進んでからは、珊瑚礁という生き物と人間が共生するにはどうすればいいか、という問題を科学の観点で研究しました。それが修士論文です」

宮崎が自らの経歴について説明してくれた。

「珊瑚の研究のため、沖縄をはじめ全国各地に行かなければなりませんでしたが、お金がかかる。家庭教師をやったり、その日暮らしをしているうち、アルバイト感覚で、インターネットのホームページづくりの依頼を受けるようになりました。それがあまりに楽しくなりましてね。ヤフーが日本で立ち上がったことを知り、兵庫にいる親にも知らせず、応募したんです」

東大時代の同期生には堀江貴文もいたというが、周囲の就職先はやはり霞が関の官庁や東京電力など、固いところが多い。宮崎が述懐した。

「ヤフーに応募したのは、就活時の一一月。面接官だった井上さんたちに『これはアルバイトの募集でしょうか、社員の募集でしょうか』と聞いたぐらい、いい加減なものでしたけど、大学院を翌年修了して入社すると決まりました。ただ二月の時点で修了できないことになったので、二月一四日付で中退しました。そのことをヤフーに電話したら、それなら三月から来い、という話になり、働き始めたのです」

宮崎は入社後、サーファーチームのリード（主任）サーファーとなる。

「サーファーチームは、井上さんのこだわりのある部署だったと思います。井上さんは技術者なので、検索エンジンの話などにすごく興味を持っていて、サービスのクォリティや使いやすさを徹底的に追求しました」

宮崎は技術屋にありがちな難解な口調ではなく、かみ砕いて話してくれた。

「井上さんから経営会議に呼ばれて説明するんですけど、やっぱり技術の話は理屈っぽくなります。エンジンのチューニングをどうするとか、クローラーというインターネット情報を集めて処理するシステムをどうするとか、アルゴリズムとはとか……。検索エンジンは技術の総合格闘技みたいにあらゆるコンピュータ技術を組み合わせて結果を出す。話がややこしいので、他の役員たちは説明を聞きながら寝ちゃう。でも、井上さんだけが熱心に聞いてあれこれ楽しんで質問するんです」

宮崎たちサーファーチームのメンバーにとって、井上は大切な理解者だったという。

「システムをつくるには、人も費用もかかる。で、井上さんに談判すると、社内のほかのサービスと比べ、桁違いに投資をしていただきました。たとえばシリコンバレーのエンジニアを雇いたい、というと、希望通りにしてくれました」

宮崎は今でも井上に感謝している。

「米国のヤフーには数百人のエンジニアがいるのですが、ヤフー・ジャパンがお金を出し、そのうちの何人かを雇いました。いちばん多いときは、三〇人ぐらいのエンジニアを雇っていたので、一人あたり年間二〇〇〇万円かかるとして、六億円近い人件費になる。井上さんはそれを難しい決裁なしに、やってくれました」

昨今話題のＡＩ技術もそうだが、インターネットの世界では、最もデータを重要視する。井上はそこに投資を惜しまなかった。宮崎は、専門家らしくこう言葉を加える。

「システム上、機械学習という技術を使うようになり、とくにデータが必要になりました。ある検索キーワードを打ち込むと、人間がどう反応するか、喜ぶ結果は何か、という例を機械に大量に示し、教え込むわけです。エンジニアがロジックを書くのではなく、ソフトウェアにおける質問と答えを用意し、学習できるデータをそろえる。われわれは何十万件というその学習データを集めなければなりません。そこで井上さんに頼んで、青森県八戸市に拠点をつくり、七〇人の日本人スタッフを現地採用しました」

一方、ソフトバンクの孫からヤフー・ジャパンの経営を託された井上は、事実上の創業社長として、収支を優先しなければならなかった。水天宮近くのソフトバンクにあった社長室の片隅でヤフー・ジャパンを立ち上げた頃は、ソフトバンクで廃棄された備品を使い、コストカットを徹底した。喜多埜によれば、経費にもうるさかったという。

「会社が大きくなっていっても、一万円以上の交際費は全部稟議が必要でした。たとえば取締役が広告代理店の人との三万円の会食をするとしても、井上さんの最終決裁が必要でした。秘書が稟議を書き、管理部門を通して井上さんのチェック印がなければ、COOの僕でも二万円を使えない。それくらい徹底していました」

井上のコスト意識はある意味、そこまで堅実にやっているという孫に対するアピールでもあったのだろう。

反面、ヤフー・ジャパンのサービス向上のためには、費用を惜しまない。パソコンオタクの井上は、社長でありながら、宮崎のような技術者たちの取りまとめ役でもあった。エンジニアを厚遇し、ヤフー・ジャパンの検索サイトサービスを充実させていったといえる。

現在、ヤフー・ジャパンのショッピングカンパニー営業本部でスポーツ・アウトドアリーダーの肩書を持つ日下浩二は、サーファーチームにいた。かつては宮崎の率いたチームの初期メンバーとして、ヤフー・ジャパンに登録するサイト探しに奔走した一人だ。

「あの頃のサーファーチームの人数は、わずか一〇人くらいでしたけど、それこそ個性派ぞろいでした。もともと皆が個人のウェブサイトを持っていました。僕はゲームが趣味でしたけど、音楽に凝っている人や、なかには哲学のサイトを開いている人もいて、全員がオタクっぽかったですね」

大ヒットした餃子計算機

社員番号五八番の日下は、不眠不休で登録するサイトを探した。

「個性の強いメンバーが、それぞれヤフーで紹介したいと思うサイトを熱狂的に探していました。ただ、自分が最初に考えていたネタ（サイト）はあっという間に尽きてしまうので、そこから先がキツかった。そうこうしていると、インターネットが広まり始め、一般の個人がホームページをつくるブームが起きた。それらのサイトが使えるかどうか、大量に見なければならなくなりました。自分のサイトをヤフーに掲載したい、という申請を受けつけるサイトもつくりました。新しいものが出てきたら分類し、それらをどんどん登録していきました」

今では考えられないような突拍子もないウェブサイトも、載せていたという。日下のすぐあとの七〇番台の社員番号を持つサーファーの滝山ヨーコ（仮名）は、「餃子計算機」という奇妙なサイトを見つけ、登録した。

「それは餃子を三〇〇個つくりたいとすれば、豚肉を何グラム、ニラを何束、玉ねぎ何個を買いなさい、というリストが出るだけのサイトなんです。逆計算でもできて、ニラが二束あるとすると、餃子の皮が何枚必要、と計算する。むちゃくちゃくだらない。けど、これが受けました。この手の『くだらなくて最高！』というサイトをたくさん登録して人気が出た面もあります」

滝山ヨーコは、ヤフー・ジャパン設立三年目の一九九八年に入社した。四年制大学の新卒を募集していなかった中、彼女は上智大学文学部を卒業してすぐに入社した。初の四大卒女子社員である。入社後は、一〇人ほどのサーファーチームに所属する傍ら、ラジオのパーソナリティとして活躍し、その世界で人気が出る。井上雅博は、立ち上げたばかりのヤフー・ジャパンの新入社員たちの個性を大事にした。ヨーコが井上のことを思い出し、目もとを綻ばせる。

「のちにオーケーになりましたが、当時のヤフーは副業が禁止でした。それでも私はラジオのパーソナリティをやりたかった。井上さんは経費にはうるさくて、広告宣伝費をかけるくらいなら、サービスをもっとよくしろ、という主義。私の場合はラジオのコーナーでヤフーの宣伝をできたので、許してくれたのだと思います。今週のお薦めサイトといったコーナーを持たせてもらい、ヤフーの宣伝をしました。ヤフーに選ばれたいというサイトも多く、私も喜んでやっていました」

高校時代に米国留学した経験もあり、上智大時代から雑誌の読者モデルをしていた彼女は、一見すると西洋人と間違うような色白の美人である。ヤフー・ジャパンを辞めたあとジャズ歌手としてCDデビューし、今も歌手活動を続けている。

「あの頃のヤフーは井上さん以外、あまり英語に堪能な人がいませんでした。私自身は純粋な日本人ですが、英語ができる女の子はヤフーでも珍しかったのかもしれません。それで英語でインターFMというラジオ局のDJと話し、〝今日のヨーコのお薦めサイト〟という三分間のコーナーを持たせてもらいました。いわばヤフーの宣伝とのバーターです。そうして九年ぐらいパーソナリティを務めました」

ヨーコは井上にずいぶん目をかけてもらったと話した。この頃、井上は社員たちとの交流を図るため、夕刻になると社員を集め、ピザパーティを始めた。ヨーコはそれもまた懐かしんだ。

「実はピザパーティも広告とのバーターみたいなものでした。ドミノ・ピザの広告をヤフーページに載せ、その広告代金がピザでした。皆で『うちはどんだけ安い広告料なんだよ』と冗談を言っていました。まだ五〇人ぐらいしか社員がいなかったけど、皆でわいわいやっていましたね」

まさにベンチャー企業ならではの風景というほかない。井上は自ら雇い入れたユニークな社員たちの特性を見抜いていたのかもしれない。

引っ越しアルバイトから

滝山ヨーコの入社から一年後の一九九九年一一月一日、引っ越し業者のアルバイトをしながらヤフー・ジャパンの中途採用試験に応募した風変わりな社員もいた。日に焼けて真っ黒な顔にロン毛スタイルの二二歳。のちにヤフーを経てフェイスブック日本代表になる児玉太郎である。社員番号一五四番、当の児玉がヤフー入社前の暮らしぶりを振り返った。

「僕は日本で生まれ、小学校の中学年のとき父の仕事の関係でロサンゼルスに引っ越しました。小、中、高はずっとロスで暮らしてきたのですが、家に大学に行くお金がなくなっちゃったので、日本に帰ってきました。帰国すると、日本が面白くてたまらない。で、遊ぶ金がないから、アート引越センターで引っ越し屋のバイトを始めました。超ガテン系のフリーターでしたね」

ガテン系という流行語は、リクルートの就職情報誌「ガテン」に由来する。情報誌で、土木・建築やドライバー、メカニック、調理などに従事する専門職をこう呼んだのだが、それがいつしか単純肉体労働という意味で使われるようになった。

「今から思えば、日本でも英語を生かしてもっときちんと就活すればよかったのかもしれません。アメリカだと日本のように皆が同じ道を歩むわけではないので、何の疑問も持たず、毎朝、アート引越センターの新横浜営業所に行ってつなぎに着替え、引っ越しの荷物運びをする日々を送っていました」

当人はたまたまヤフー・ジャパンの募集をインターネットで知り、応募したのだという。米国育ちの帰国子女なので、ネイティブ並みの英語を話せる。加えて当時の日本では珍しいインターネットのヘビーユーザーでもあった。そこが井上の目に留まった。

「インターネットだけはアメリカにいたときから使っていましたし、日本に帰ってきてからも、暇さえあればいろんなサイトを覗いていました。まだモデムを使った電話回線で、通信時にピーヒョロヒョロと音が鳴る時代ですが、ヤフー（・ジャパンの）ページだけは日本でも認知され始めていました。たまたまそのトップページのいちばん下にスタッフ募集っていう文字を見つけ、クリックして応募したんです」

児玉がこう頭を掻く。

「ヤフーのＨＰには、部署ごとの募集要項が書いてあり、応募資格はたいてい二六歳以上でした。僕はまだ二二歳だったので駄目だと思いましたが、その中で唯一、年齢制限がなかったのがサーファーチームでした。そこに応募して面接を受けると、もう一度、来なさいって連絡がありましてね。一応、スーツを着ていかなければならないと思い、親父に頼んで安売り紳士服屋で一万円のスーツを買ってもらって面接に出かけました。僕は大学も出ていませんし、まさしくアルバイト感覚の応募でした」

井上は、誰が見てもいい加減なフリーターとしか思えない児玉を面接した。児玉が初対面の井上の印象についてこう語る。

「行ってみると、井上さんが面接官としてそこに座っていました。ほかに有馬さんや影山さん、殿村（英嗣・元執行役員）さんなど、幹部が勢ぞろいしていました。その中で運よく井上さんに認めてもらえた。今でもなぜだかわからないんですけど、僕のことを面白がってもらえましてね。初対面なのに『お前はスーツが似合わない。キモイから、次から着てくるな』みたいなことを言われました」

影山や有馬とともに児玉を面接した殿村は、ヤフーショッピングやヤフーオークションを立ち上げたプロデューサーサーとして知られる。

人生を変えた面接

児玉はそんな幹部たちの面接に臨むと、サーファー部門に応募していながら、サイトの登録などやりたくない、と無茶を言った。

「サーファーに応募した理由は、二六歳以上という年齢制限がなかったからで、本当はそこに行きたくなかったのでそう言ったまでです。すると、目の前にいた井上さんから『なら、お前は何がやりたいんだ』と問われました。『そうですね、この中だったらプロデューサーっていうやつになりたいです』と答えました。で、井上さんは、『それならなぜ、プロデューサー部に応募しないんだ。そんなこと（二六歳以上の応募資格）くらいであきらめるな』と怒るんです」

井上はよほど児玉のことを気に入ったのだろう。面接会場にプロデューサー部の責任者として井上の隣に座っていた殿村に、その場で聞いた。

「殿村、お前、英語ができるやつを欲しいと言っていたよな。こんな丁稚奉公（人）みたいなやつだけど、いるか？」

「はい、できれば」

殿村は頷く以外ない。

そのひと言で児玉の採用が決まった。

児玉は希望どおり、プロデューサー部に配属された。まだ社員が一〇〇人前後しかいない時代である。

「今思えば、あの面接がすべてでした。あれが僕の人生を変えた。プロデューサー部のリーダーだった殿村さんや出版関係の宮坂さんは、すでに三〇歳前後。そこへダントツ最年少の二二歳の僕が入った。アメリカ生活が長かったので日本語もままならない。さぞかし変な奴だと思われていたでしょう。それでも、殿村さんの下で、米ヤフー・インクのサービスを日本に持ってくる仕事をするようになりました」

従来のパソコン通信とインターネットの違いはどこか。ごく平たくいえば、それは通信サービスの利用範囲である。

アメリカ・オンライン（ＡＯＬ）やニフティサーブが始めたパソコン通信では、それぞれのウェブサイトが提供する単一サービスの提供にとどまっていた。たとえば利用できるのは、ニフティが提供するニュースや天気情報などでしかない。

かたやインターネットでは、いくつものサイトをつないでいる。ネットユーザーは、他のサイトに自由に移動しながらいくつものサービスの提供を受けられる。数多くのウェブサイトを横断的に利用できる。そのための玄関口が、ヤフーのようなポータルサイトである。

児玉は米国時代にパソコン通信を始め、そのあとヤフー・インクのインターネットサービスに接し、使ってきた。したがって米国におけるインターネットの成り立ちやサービス内容に詳しかった。

「ヤフーで働き始め、アシスタントプロデューサーとして働くことになりました。プロデューサー部では、アシスタントプロデューサーだらけで、何十人もいたので珍しくはなかったのですが、僕は英語ができたので、リーダーの殿村さんに頻繁にアメリカに連れて行ってもらえるようになりました」

児玉本人が自らの体験談を語った。

「アメリカからサービスをどんどん持ってきてそれを翻訳したり、インターネットの開発もかじっていたので、エンジニアと話をしながら、サービスをつくっていきました。それで重宝され、二四歳のときに正式に課長級のプロデューサーになりました。これも当時の最年少プロデューサーでした。やっぱり井上さんに目をかけていただいたのだと思います」

タイムマシーン経営と称されるヤフー・ジャパンには、米ヤフー・インクとの交渉が欠かせない。それだけに帰国子女の児玉は貴重な存在だったといえる。プロデューサー部のシニアプロデューサーだった殿村だけでなく、井上ともいっしょに頻繁に米国を訪れたという。

「井上さんがよくアメリカのジェリー・ヤンのところへ行っていたので、僕も同席していました。逆にジェリー・ヤンが日本に来るときは、社員大会で僕が通訳したりしました。それで、ジェリーにもずいぶん、可愛がってもらいました」

児玉は井上のことを父親のように慕っている。かなり濃厚な付き合いをしてきたようだ。

「あるとき井上さんに寿司屋に連れていってもらい、『お前は将来、どうしたいんだ』と聞くので、『とりあえず年収二〇〇〇万円くらいになりたいです』と答えると、井上さんは『くっだらねえな、お前。ちっちぇえなあ』と馬鹿にされました。『なら、井上さんはどうしたいんですか?』って切り返すと、『俺はヤフー（・ジャパン）を従業員一万人ぐらいの会社にしたい』と言っていました。当時社員が一〇〇人ぐらいでしたから、大きなことを言うなと思いましたね」

井上はビジネス以外でも児玉と接した。

「井上さんからは、麻雀にもよく誘われました。会社近くの雀荘に行き、他のメンバーは役員ばかりなのですが、そこに二二～二三歳の僕が入って麻雀卓を囲んでいました。役員三人対僕みたいな感じの麻雀でした。僕だけ（賭け麻雀の）レートが特別で、僕が負けたときは支払いが少なく、井上さんが負けたときはすごく大きい。あの人たちにとっては、若くて元気のいい子と遊んでいるような感覚だったのでしょう」

井上の期待どおり、児玉はメキメキと頭角を現していった。

ザッカーバーグの認めた男

なぜヤフー・ジャパンは六七〇〇万人ユーザーを抱えるポータルサイトに成長できたのか。他と比べ、どこが優れているのか——。IT業界通たちにそう尋ねると、一様に「サイトの使い勝手がいいからだ」という単純な答えが返ってくる。事実、井上はそこに腐心し、社員たちを導いてきた。

井上によって見いだされた児玉は、社内での出世がすこぶる早かった。当の児玉自身も井上に大切に扱われてきたことを自覚している。

「入社した当時のヤフーは、プロデューサー部、開発部などと職種に応じた部署が独立していました。組織が大きくなるにつれ、それらがまとまり、事業部制を敷くようになった。僕はプロデューサー部のあと、新たに組織されたソーシャルネットワーク事業部に配属されました。そこは一三〇人くらいの大所帯で、殿村さんが全体の事業部長に就任し、私が部内の企画部長に抜擢されました。まだ二六歳でしたので、最年少部長でした。これも井上さんのおかげです」

児玉は井上の話になると、声のトーンが高くなる。ソーシャルネットワーク事業部は、その名称どおり、ミクシィやツイッターといったSNSを想定した新たな対応部署であった。このソーシャルネットワーク事業部時代、児玉にもう一つの転機が訪れる。〇八年前後のことだ。きっかけはフェイスブックの日本上陸だった、と本人が回想する。

「ロサンゼルスに住んでいる頃の僕の友だちは、すでに米国でフェイスブックを使っていたけど、日本ではまだその存在すら誰も知りませんでした。で、僕は〝これは大化けするんじゃないか〟と思い、企画部長として、井上さんにフェイスブックの説明をしていました」

そんな折、フェイスブック側が日本のヤフーを表敬訪問する。児玉はSNS対応の部長として、米フェイスブックの幹部たちと会うことになった。

「彼らは日本におけるITの成功事例として、ヤフーを見に来てくれたのです。ヤフーはジャパンとUSAに分かれているが、どうして成功したのか、なぜ仲よくやっていけるのか、などなど、向こうにはいろんな疑問があったみたいでした。そのフェイスブックとの会議に井上さんも加わり、情報交換をしていきました」

奇しくも児玉にとっては、これが転職の端緒となる。こう話した。

「それで日本に来たフェイスブックの人たちと仲よくなり、彼らに誘われて〇九年にフェイスブック本社に遊びに行きました。すると、そのままマーク・ザッカーバーグに面接されたのです」

ヤフー・ジャパンの井上と同じように、フェイスブック創業者のマーク・ザッカーバーグの目にも、児玉は逸材に映ったに違いない。その児玉がヤフーを辞めた経緯を話す声は、それまでと打って変わり小さくなった。

「僕がヤフーを辞めるとき、井上さんは会ってくれませんでした。あの人は、去る者に会わない主義なんです。井上さんと話をしたかったので、とても心残りでしたが、その代わり、社内的にはCOOの喜多埜さんの承認が必要だとなった。喜多埜さんたちの面談を受け、僕は井上さんと会わずじまいのまま、ヤフーを辞めました」

意外にあっさりしたものだが、ヤフー・ジャパン採用第一号の有馬誠がライバル企業の楽天に移ったように、他社への転籍はIT業界の日常茶飯事でもある。児玉は入社一二年目の二〇一〇年にヤフー・ジャパンを去り、フェイスブック日本支社設立の総責任者に就任する。設立当初、一〇〇万人しかいなかったフェイスブックの日本人ユーザーを四年間で二〇〇〇万人に増やした立て役者となった。

やがてヤフーを離れた児玉はフェイスブック側の幹部としてヤフー・ジャパンの幹部社員たちと会うようになり、井上と再会した。その話をするときは、本人に笑顔が戻った。

「フェイスブックのカントリーグロースマネージャーとして、井上さんとお会いできました。そのときも『お前、相変わらず太っているな』と口が悪かったけど、嬉しかった。ヤフーは井上さんが社長を退任されたあと、宮坂さんや川邊さんたちの体制に切り替わり、マーク・ザッカーバーグが来日したときは、川邊さんたちにも彼を引き合わせました」

井上は、ならずもの集団をまとめ上げ、ヤフー躍進の原動力とした。米国帰りのフリーターもまた、ヤフー・ジャパン急成長の功労者であり、当人はパソコンの世界からSNS事業へと活躍の舞台を移していった。そしてこの頃になると、井上を取り巻くインターネットの状況が大きく変わっていく。

日本初の株価一億円企業

ヤフー・ジャパンは会社設立から二年足らずの一九九七年一一月四日、株式の店頭公開により、いきなり株価二〇〇万円の初値を付け、株式市場が騒然とした。かつてないIT業者の出現を皮切りに、日本のインターネット・ファンドバブルに火がつく。それはITバブルとも呼ばれた。

そしてこの店頭公開からさらに二年あまりのちの二〇〇〇年一月一九日、ヤフー・ジャパンの株価が一億円を突破する。それは、業界他社を含めた日本の株式公開企業の中で、初の快挙だった。

ITバブルは、三木谷浩史の率いる楽天や堀江貴文のライブドア、藤田晋のサイバーエージェントといった新興企業の株を次々と急騰させていった。なかでも一億円を突破したヤフー・ジャパンの株価は、わずかそのひと月後の二月二二日、一億六七八九万九一三六円という最高値をつける。

半面、バブルそのものは、そう長続きしなかった。九九年、〇〇年と二年続いて高騰した市場の宴はあっという間に幕を下ろし、パソコンやネット関連銘柄の株価は一挙に値崩れした。

しかし、その間もヤフー・ジャパンだけは、右肩上がりに業績を伸ばし続けた。おかげで〇三年一〇月二八日には、東証一部に昇格する。上場時のヤフー・ジャパンの時価総額三兆円は、東京電力やセブン‐イレブン・ジャパンに匹敵した。おかげでこの間、ヤフー・ジャパンの社内では、株を持っていた億万長者の幹部社員たちが続出する。ただし前会長の宮坂学に当時の株式公開時の盛り上がりぶりを尋ねてみると、意外な話をする。

「株式の公開は、僕が入社して五ヵ月ぐらい経ったあとだったと思います。今なら（新規事業を意味する）スタートアップ企業やＩＰＯ（新規公開株）といった用語は一般的ですが、当時はあまり知られていない。有馬さんから『ＩＰＯとは、イニシャル・パブリック・オファーリングの略だよ』と教えてもらった覚えがあります。もちろん井上さんたちは盛り上がったのでしょうけど、そのくらいですから、僕自身、株のことはよくわかっていませんでした。僕ら現場の社員は株の公開当時、あまり関心もありませんでした。しばらくして気が付くと、株価が一億円突破していたって感じでした」

ヤフー・ジャパンでは株式の公開前、一定期間したのちに自社の株式に転換できるストックオプションの権利が社員たちに割り当てられていた。むろん今では一般的になっているが、当時の日本企業にはストックオプションという制度そのものが、浸透していなかった。宮坂もストックオプションで株の保有権を得ていたが、あまり現実感がなかったという。

「ＩＴバブルが到来し、ヤフーの株価が急騰していくと、さすがに少しずつ気になり始めた程度でしょうか。たくさんストックオプションをもらった人は、たしか公開してから二年経てば、株を半分売ってもいいという権利が与えられていた。だけど、僕は（ストックオプションの割り当てが）一株だけ。割り当てぎりぎりにヤフーに入ったので、四年経たないと売れませんでした」

一株といっても、一億円である。前に書いたように、ヤフー入りする以前、小さな編集プロダクションに就職して苦労してきた宮坂は、ヤフー入社後も決して暮らしぶりが楽ではなかった。一億円のストックオプションは、干天の慈雨どころではなく、生活を一変させてくれる天の恵みそのものといえた。

だがその一方、ストックオプションに漏れた社員も少なくない。

月給二〇万円の「貧富」

「井上さんはじめ、有馬さんや宮坂さん、殿村さんたち草創期の幹部社員たちは、たいていストックオプションでヤフー株を持っていましたから、大金持ちになりました。ただし、株の公開後に入社した社員番号七〇番台の私などは、割り当てがありません。だから、相変わらず貧乏なままでした」

そう苦笑するのは、滝山ヨーコである。上智大から新卒で入社し、ラジオのパーソナリティをしてヤフーのサイトを宣伝してきた美人の女性社員だ。

「ざっくり分ければ、株式公開前に入社した社員番号六〇番ぐらいまでの人が、ストックオプションで株を持っていました。もちろん入社当時は大金持ちになるとは誰も思っていなかったでしょうけど、なにせ一株一億円ですから、社内では明確な貧富の格差が生じました」

彼女はあくまで明るく説明してくれた。

「会社の業績が伸びても給料はさほど変わらず、私なんかは二〇万円くらい。けど、同じような月給で私より前に入社していた二〇代の社員全員が億万長者になった。だから社内の飲み会では彼らから奢ってもらいました。もちろん偉い人にはもっとたかりました。皆で飲みに行く前に影山さんから一万円もらい、次に井上さんのいる社長室に行って『三万円カンパしてください』とお願いして回りました」

第六章
孫正義の操縦術

乾杯する孫正義、井上、ジェリー・ヤンの3人

松本真尚

孫正義との対立

一九九六年一月、東京・水天宮前のソフトバンク社長室の一角で産声を上げたヤフー・ジャパンでは、業績に比例して従業員も増え、手狭になった社屋を広げていった。会社の設立から三年経た九九年には日本橋に近い水天宮前から都心の表参道にオフィスを構えた。やがてそこも狭くなり、二〇〇三年には六本木ヒルズに本社を移した。株式公開やＩＴバブルによる株価の高騰が、ヤフーや井上という個人だけでなく、ソフトバンクグループ全体にとって大きな追い風となったのは間違いない。井上がボディガードの運転するヤフーを捩《もじ》った「品川　８２８２」ナンバーの社長専用シルバーベンツに乗るようになったのもこの頃だ。

今さら念を押すまでもないが、ヤフー・ジャパンはソフトバンク社長の孫が、米国で始まったインターネットの会社をそっくり日本で再現しようとした会社である。ヤフー・ジャパンが設立されたとき、孫が社長に就き、井上は社長室長としてヤフーの取締役を兼務した。ただし当の孫はヤフー日本法人の設立以降、業務にタッチせず、会議などにも参加しなかった。ソフトバンクの社長室長だった井上にすべてを任せてきたといえる。

「孫さんは、技術的なことがほとんどわからない。それでいて、この技術は伸びるとか、使えるとか、そこを捉えるセンスはものすごく鋭い。中身がわからなくても、これはいける、と誰よりも先んじてキャッチする才能は日本一あるんじゃないでしょうか。孫さんがキャッチした技術やその価値について裏付けを取っていくのが、井上さんの役割でした」

ソフトバンク時代から孫を知るヤフーの初代編集長、影山工はそう話した。ただし、井上は必ずしも孫に従うタイプではない。そこが両者の微妙な関係なのだと影山は解説する。

「たとえばソフトバンクの経営会議では、誰も孫さんに逆らわない。井上さんだけでした、孫さんに意見するのは。だから井上さん自身、現場の社員たちに『もっと自分の意見を言えよ』と求めるのですが、なかなか面と向かって孫さんに意見する人は出てきませんでした」

二人の微妙な関係はヤフーの設立後もあまり変わっていない。元COOの喜多埜は、二人の微妙な関係を示す具体例を挙げて説明してくれた。

「たとえばヤフーサイトのページにスペースが空いているのを見た孫さんが、『もっと広告を詰め込めば利益が上がるじゃないか』と指示を出した。ですが、井上さんは『それだと逆にヤフーの広告価値が下がる。使い勝手が悪くなるからダメです』ときっぱり断る。ただし、井上さんは面倒くさがり屋なので『お前、孫ちゃんにそう言ってこい』と僕に命じるんです。で、『井上さんがこう言っている』と伝えると、たいてい井上さんの意見が通りました」

その孫がとつぜんヤフーの幹部たちと連絡をとり、業務に口を出すようになる。それが、ヤフーBBを始めようとした二〇〇〇年頃のことである。影山の言葉を借りるとこうだ。

「孫さんは会社設立以降、ヤフーのオフィスにまったく顔を出しませんでした。それが、ヤフーBBを始めるあたりから、われわれと話をするようになったのです」

孫正義の号令下、ソフトバンクはグループを挙げてヤフーBBという一大事業に乗り出す。それは、ソフトウェアの卸売業者に過ぎなかったソフトバンクが通信事業者に飛躍を遂げようとした瞬間でもあった。ヤフー・ジャパンの井上たちはそこにも大きく貢献している。だが、ヤフー

ＢＢ事業を始めた当初、二人は対立した。

独特の呼吸

孫正義と井上雅博。同じ歳の二人は、ソフトバンクの社長と社長室長という上司と部下として、濃密な付き合いが始まった。井上の率いるヤフー・ジャパンがグループ全体の稼ぎ頭になると、経済評論家たちはソフトバンクを親に例え、ヤフーを出来のいい孝行息子だ、と言い表してきた。

もっとも孫と井上という両トップは、親と子、上司と部下といった単純な上下関係で語られるような間柄でもない。

ソフトバンクがヤフー・インクをはじめ、米国のＩＴ関連企業との提携や買収に駆けずりまわっていた九〇年代半ば、社長室長だった井上は社長の孫に荷物を持たせ、路上でタバコを吹かしていた。孫が井上のお別れの会で自ら明かしたそんなエピソードを聞くと、いかにも無神経で横着な人物像が浮かぶ。

実際、井上は周囲の雑音を気にかけず、ときに常識から外れた突飛な行動もした。たとえば小学生時代から熱中したＳＦ小説の影響で、ロボットアニメ『機動戦士ガンダム』に嵌《はま》り、プラモデルをヤフーの社長室に飾り、悦に入っていた。

「とにかく滅茶苦茶なガンダム好き。二五万円くらいする等身大の大きなガンダムのプラモデルを会社に持ち込んで徹夜でつくっていました」

井上のオタクぶりについて、喜多埜はこう語る。

「で、ある日、外部のメンテナンス業者が社長室を掃除していて、うっかりガンダムの腕を落としてしまったみたい。『喜多埜、ちょっと来て』と井上さんに社長室へ呼ばれました。『壊れちゃったんだよ。おまえ、バンダイと付き合いあったよな。連絡してくれる？』って僕に修理を頼むんです。当時、僕はネットでおもちゃを売ろうとし、その窓口になってバンダイと付き合っていました。それで彼らはすぐ飛んできて巨大なガンダムの模型を直してくれた。そのうえ、新しいガンダムのプラモデルまでプレゼントしてくれました」

クラシックカーやワイン、葉巻にいたるまで、井上はインターネットと同じくらいプライベートな趣味に没頭した。孫もむろんそれらの道楽を知っていたが、そこにはタッチせず容認していた。ワンマン経営で鳴らした孫に対し、井上もまたヤフー社内で思い通り奔放に生きてきた。

井上はソフトバンクグループで孫に対し唯一ずけずけと直言してきた。それは無神経だからではない。井上はむしろ孫に気遣い、独特な距離感で接してきたように感じる。

米国に先駆け、日本で初めて自社製パソコンを生み出したソードに入社した井上は、社長の椎名堯慶に見いだされた。椎名の後ろ盾があればこそ、社内で優遇されて海外を飛びまわり、一目置かれてきた。その原体験がある井上は、孫の操縦に腐心し、孫は井上の意見を取り入れてきた。実のところ、井上はずいぶん神経を遣ってきたが、それを周囲に見せなかったにすぎない。

ともに凡常でない感性を持つ孫と井上は、互いに独特な呼吸で接してきた。先の米国での社長室長時代のエピソードにしても、当人はタバコ嫌いの孫に精一杯の気を配ったつもりかもしれない。喜多埜は、そんな難しい二人の間合いをとりもってきた。

「たとえば夜、食事をとりながら、孫さん、井上さん、僕の三人でよく会議しました。そこではいつも、なぜ井上さんがヤフーの社長になったのか、という話題になる。そのとき孫さんは決まって『井上が暇そうだったから』と皮肉を言うのですが、井上さんは『社長はいつもそれだね』と言葉を返す。二人はすごく仲がいい」

喜多埜はこうも言った。

「ただ井上さんは、ヤフーを立ち上げ、いつしか孫さんと直接会話することを避けるようになりました。そのため『孫ちゃんのところへ行ってきて』と言われ、僕が伝言を頼まれるようになりました。すると孫さんも、『喜多埜、これ、井上はどう考えるかな』といった具合に僕に探りを入れてくる。僕は二人の対応窓口でした」

周囲から見れば面倒な、そんな関係の二人が直接会話しなければならなくなった。それがヤフーBBの事業に乗り出したときである。二人のやり取りの中でも、喜多埜はそこがいちばん印象に残っているという。

周知のようにヤフーBBは、二〇〇一年九月に始まったインターネット事業だ。ヤフーの名称がついているが、事業主体はソフトバンクである。それまでの電話回線によるアナログの低速通信からデジタル通信のADSL（Asymmetric Digital Subscriber Line）に切り替えることにより、二四時間の通信を実現させると謳った。街の商店街や鉄道の駅前で法被《はっぴ》を着て通信モデムを無料で配るソフトバンクの営業マンたちの姿は、いまだ記憶に新しいところだろう。

ヤフーBB事業は、コンピュータソフトの卸売業者にすぎないソフトバンクが、通信事業者に衣替えをしようとしたある種の挑戦だった。その事業で孫は、ネット業界の寵児として一挙に知名度のあがったヤフーを冠に使う。それだけでなく、事業資金の大半もヤフー・ジャパンが負担した。

草創期のインターネットはNTTがダイヤルアップと呼ばれる電話回線でつないでいたため、利用している昼間の通話料金が嵩《かさ》んだ。その通信料対策として、NTTは深夜一一時以降のテレホーダイというサービスを始めた。が、通信速度が遅いうえにユーザーが集中するのでなかなかつながらない。これではインターネット利用者の伸びが鈍くなるのは当たり前だ。

新人のひと言

井上は劣悪なインターネット環境を改善したかった。理由はむろん社会貢献だけではない。ネット環境が向上すれば、ヤフーページの閲覧数が増える。いきおい広告収入がアップする。そんな狙いもあった。だからこそ孫の提案に乗り、ヤフーBB事業に協力した一面もある。喜多埜が続ける。

「このときヤフーは、インターネットサービスの世界で圧倒的なナンバーワン企業になりつつありました。だから一緒にやろうとした孫さんの気持ちもわかります。また、井上さん自身、ヤフーBBのサービスについては、大枠で賛成でした。けれど、細かいところではかなり揉めました。井上さんはビジネスに対して絶対的な自分の意見を持っている。毎日揉めながら事業を開始しました」

折しもそんな混乱の渦中、ヤフー入りしたのが、松本真尚である。もともとモバイル事業の「PIM」を設立したベンチャー起業家だ。実は井上と松本との出会いは、井上のヤフー退社に通じる部分もあるのだが、それは後述する。

スマホをはじめとしたモバイル時代の到来を察知した井上が、PIMのCEO松本をヤフーに誘った。ちなみにPIMの松本の事業パートナーがCOOだった現ヤフー社長の川邊健太郎である。ヤフーが五四億円でPIMを買収する吸収合併の形をとり、二〇〇〇年八月、松本は川邊を引き連れてヤフーに入社した。

「当時はヤフーの株価が一億円を突破した時期だったので、僕らの会社の株なんて端株みたいなもんです。そんな小さな合併ですけど、ヤフー・ジャパン側にしてみたら、買収第一号案件でした。僕たちのところには他にも何社か誘いがありました。面接で現れた井上さんに『これからはモバイルが必要だ』という考えを聞かされ、その姿がポロシャツにジーンズだった。要は波長が合ったんですね」

松本は入社早々、社長室に配属された。そこで井上から託された仕事が、ヤフーBB事業だったのである。

「井上さんに連れられ、ソフトバンクの会議に参加しました。忘れもしない、初対面はちょうど孫さんがヤフーBBの構想をお話しされていたところでした。自ら一生懸命ホワイトボードにBBの仕組みの絵を描いて説明していらっしゃった。ただ、その絵がインターネット的には不可能な話でした。それで、ついその場で『それは無理ですよ』と口を出しちゃったんです。すると、孫さんから『なんだ、おまえは誰だ』と怒鳴られ、井上さんから『新しいうちの社員です』と紹介されました」

ヤフー・ジャパンに中途入社して社長室に配属された松本は、入社したばかりなので何の肩書もない。つまりヒラ社員だ。井上はその松本をグループ各社のＣＥＯたちが集う経営会議に参加させた。孫にとっては、その会議でＡＤＳＬを使った新たな通信技術を図解しようとした、その矢先にあからさまに否定されたことになる。会議室は静まり返った。

「じゃ、おまえ、何がダメなのか言ってみろ」

そう声を荒らげる孫に対し、松本は戸惑った。だが、井上を見ると平気な顔でニヤついている。そこで松本は説明を始めた。

「その形だったら、インターネットのトラフィック（ネットで送受信される情報量）を吸収するのは不可能じゃないですか？　できません」

苦り切った孫が、傍らにいるソフトバンクの技術責任者に尋ねた。だが、答えは松本と同じだ。

「残念ながら、うーん。やっぱりできないですね」

井上はＩＴに関する松本の知識や技術を見抜いていたのだろう。実のところ、松本をグループの経営会議に参加させた狙いは、孫との交渉窓口にするためだった。松本が述懐する。

「グループ各社のＣＥＯ会議では、稼ぎ頭であるヤフーの井上さんは中核メンバーですが、本人が会議に出たがらない。普段は孫さんもそれを許していたようです。けれど、さすがにヤフーBBのときは、会議の参加を厳命していたみたい。それで困りました」

孫と闘える懐刀

ヤフーの松本といっても、一般にはあまり知られていないかもしれないが、ソフトバンクが通信事業者として本格的に崛起《くっき》する過程のキーパーソンといえる。井上のまわりにいた個性ある幹部社員たちのなかでも、とりわけ特異な立ち位置にいた。松本はBB事業のとき以降、図らずも井上の名代としてグループのCEO会議に参加するようになる。孫との緩衝役として据えた井上の懐刀だった。井上は孫に松本を引き合わせると、自分自身は会議に出なくなる。

次の会議で孫はソフトバンク本社の会議室に入るなり、松本に冷たい声を向けた。

「あれ、井上は？　今日は必ず来いと言ったはずだけど」

孫の様子を見た秘書が慌てて電話会議の用意をし、ヤフー・ジャパンの社長室につないだ。

「井上、どうなってんだよ。トランザクション（契約数）を増やすために皆が必死でやっているのに、なんだ、おまえは……」

テーブルの中央にあるヒトデ形のスピーカーフォンに向かって孫が声を張りあげた。ほどなく井上の白々しい声が聞こえてきた。

「あれ？　すみません孫さん、そっちに松本は行ってないんですか」

孫は低い声でスピーカーフォンにつぶやく。

「いま、俺の隣に座っているよ」

するとと、驚いたことに井上はこう言って、さっさと電話を切った。

「そうですか、じゃあ、松本に任して大丈夫です」

井上は社運を賭けたヤフーBB事業の会議に出てこない。孫の怒りのボルテージがますます高まった。隣席の松本は、もはや覚悟を決める以外になかったのかもしれない。ヒラ社員を一人会議に送り出した井上も井上だが、松本も大した度胸をしている。

「今聞いてもらったとおり、僕は井上から全権を預かって、ここに座っています。僕がイエスと言ったらヤフーはイエスです」

松本はそう言い切った。

「へぇー、おまえ、ほんとうに全責任を取るの？」

孫が怒りを抑えて突き放す。背中に流れる冷たい汗を感じながら、松本は食い下がった。

「僕が取れる責任の範囲ってどこなんでしょうか。僕がクビになって責任が取れるなら、そうします。なので、その範囲は大丈夫です」

松本は努めて冷静に答えた。が、内心穏やかなはずがない。このとき以来、井上から全権を任された松本は、孫とやり合った入社早々の出来事を忘れられない。

「あのとき孫さんは怒り狂っているし、あそこで揉め続けても仕方ないから、井上さんに言われるまま、あのように言い切ったのですが、やはり井上さんに対しては腹が立ちましたよ。まるで松本を人質に出しとけばソフトバンクに行かなくて済む、という感覚なのですから」

こう話した。

「ソフトバンクからタクシーで戻り、『井上さん、孫さんはぶち切れてしまうし、俺、死ぬかと思いましたよ』と抗議しました。すると、井上さんは『だろうねぇ、でも、俺が行っても孫ちゃんはキレるんだから、いっしょじゃん』と笑うばかり。ぜんぜんかみ合わないんです。そして、それから同じことを何回もやられました」

ヤフーというブランドを前面に押し出して事業を拡大したい孫に対し、井上は慎重だった。よくよく省視《せいし》すれば、井上はヤフー・ジャパンとして孫の要求を拒否するため、松本を代理に立てたフシがある。むろんそこには理由がある。松本が次のように説明を加えてくれた。

「当初、孫さんからは、無料で配るモデムにヤフーのロゴをそのまま載せろ、と言われていました。しかし、僕らは米国のヤフー・インクから、そのためのライセンスをとっていない。なので、レギュレーション上アウトなんです。でも、孫さんがそこを強引に押し切ろうとしていた」

孫のビジネスに向かうときの熱量は尋常ではない。一度新しい事業を始めようとするとなかなかあとに引かない。松本はソフトバンクグループの人間関係を分析する。

「孫さんはすごい情熱的なので、他の人たちは、孫さんの前でシュンとなっちゃう。井上さんしか孫さんを説得できないわけです。でも、その井上さんでも、孫さんの説得には、ものすごいカロリーを使う。そこで、『孫さんと闘える奴見っけ』みたいな感じで、僕に白羽の矢が立ったのでしょう。喜多埜さんは会議で『持ち帰ります』ときれいに風呂敷でまとめて帰ってくるタイプ。それに対し、孫さんとバトルをする松本といったところでしょうか。それが、井上さんの頭に描いた僕たちの役割分担でした」

孫対策として井上が立てた作戦に従い、松本や喜多埜が動かされてきたという。

「ヤフーのロゴ問題にしても、仮にヤフーのロゴをそのまま使おうとすれば、米国のジェリーに相談しなければならない。実はそのために時間稼ぎをしよう、と井上さんは僕を使いに出したのです。ソフトバンクで会議をしている時間帯の米国は真夜中ですから」

松本は笑い話のようにユーモアたっぷりに振り返る。

「井上さんからは、『詳しい説明はあとでするから、ヤフーの絡む今日の議題はすべてノーと言ってこい』と指示されました。だから『孫さん、ジェリーは今まだ寝ているから、明日の朝いちばんに電話してイエスだったらいいのですが、今日の段階ではノーとしか言えません』と説得しました。僕は孫さんにノーと言うためだけにソフトバンクに派遣されていたようなもんでした」

従来、ソフトバンクグループにおける孫のブレーキ役は井上自身だった。この頃から松本が井上に代わる新たなブレーキ役を果たすことになる。松本は難しい事業計画が持ちあがるたび、井上の代理として、ヤフー・ジャパンからソフトバンクに出向し、孫と渡り合った。

ヤフーBBの失敗後

ヤフーBBは孫の事業に井上が協力した、いわば共同事業である。いち早くネットの通信環境を整えようとした二人の考えは間違ってはいない。その後、光ファイバーやケーブルテレビ、無線と通信技術が発達し、現在は二四時間のインターネット接続が当たり前になっている。現に、孫や井上の狙い通り、ITバブルの申し子であるヤフーの冠のついた新たな通信事業は一挙にユーザー登録が増えた。そこまではよかった。

だが、準備不足というほかない。いざサービスを始めると、肝心のインターネットがつながらない。ADSLを使ったヤフーBBのサービスを開始して間もなく、通信トラブルが絶えず、ソフトバンクやヤフー・ジャパンはクレームの対処に追われた。井上をはじめヤフースタッフは弱り切った。喜多埜が苦笑いする。

「一般消費者からすると、ヤフーという名前がついているから、会員になってみた感覚でしょう。だけど、何ヵ月待ってもネットがぜんぜんつながらない。せっかく築いてきたヤフーブランドがあっという間に毀損されていく気がしました。だから井上さんはすごく怒っていました」

社運を賭けたヤフーBBの事業そのものは失敗だった。事業の赤字は実に二〇〇〇億円を超える。おまけに〇四年二月には、ヤフーBBユーザー四五〇万人の個人情報漏洩事件まで起こしてしまう。まさに険しい事業の船出となる。

それでも松本は、井上の身代わりとしてソフトバンクとヤフーを行ったり来たりしながら、なんとかヤフーBBの巨大な赤字を乗り切った。いつしか孫にも認められ、次々と新たなビジネスに取り組んでいった。当人にとって、その間の苦労は愉快な思い出であるかのようだ。

「ソフトバンクグループではヤフーBBから始まり、ボーダフォン買収やアイフォーンの導入、インド進出へと事業を広げていきました。それらはみなソフトバンクとヤフーの共同事業で、それを立ち上げるたび、僕は井上さんから『行ってこい』とソフトバンクに派遣され、事業の目途が立つと井上さんが孫さんに『そろそろ松本を返してもらっていいですか』と言う。その繰り返しで、僕は両社のあいだを取り持ってきました」

二〇〇六年三月、ソフトバンクグループは、ヤフーBBの次に大きな転機を迎える。それが英国のボーダフォン日本法人の買収である。ソフトバンクグループが買収総額八九億ポンド（約一兆七五〇〇億円）をかけ、株式の九七・六八％を取得した。これが、のちにソフトバンクの携帯電話事業の柱となる。孫正義にとって、ヤフーに続く買収の成功事例である。

ボーダフォンの買収は、孫が契約の一年ほど前に社長のウイリアム・モローに持ちかけ、極秘裏に計画を進めたとされる。ここでもヤフーが貢献したのは言うまでもない。キーパーソンもまた松本だ。松本は、すでにヤフーショッピング事業の事業部長執行役に就任していた。

「実はボーダフォン買収のときは、井上さんより先に孫さんから、『ボーダフォンを買おうと思っているんだ』と呼び出されましてね。『まず、おまえはNDA（Non-Disclosure Agreement＝秘密保持契約）にサインしろ。井上にもぜったい話すな』と迫ってきたのです」

ボーダフォン買収秘話

この頃、松本はヤフーのEコマース（電子商取引）事業として、ヤフーショッピングの改革を任されていた。先行していたライバルの楽天市場を追い抜くよう井上から厳命されていたさなかのことだ。松本自身が次のような話をする。

「孫さんに呼び出され、なぜ秘密にしなければならないのですか、と尋ねると、孫さんは『ボーダフォンの買収は、ヤフーに協力させる。それには、井上とジェリーを説得しなきゃいけないから、まずは話す前に材料を用意しろ』と言う。つまり、孫さんから『井上説得のための資料を作れ』と言いつけられたのです。夜の一〇時、一一時にヤフーの社員が家に帰ってから、井上さんにも見つからないよう、社内でその作業をやりました」

ヤフーショッピング事業部部長だった松本が、グループ内とはいえ他社の孫から頼まれ、自分の会社の社長向けのプレゼン資料を作っていたことになる。もともと無茶なミッションだが、それがさらに不自然な事態を招いた、と松本が打ち明ける。

「そうこうしていたある日、井上さんに『松本、相談があるんだ』とブルーノートに呼び出されました。『実は、孫ちゃんからボーダフォンを買おうと思うんだ、と連絡があったんだ』と言うではないですか。孫さんは『誰にも漏らすな』と僕に厳命しておきながら、井上さんに相談してるじゃないか、とムッとしました。けど、僕は孫さんとNDAを結んでいるから、『そうなんですか』と知らないふりをする以外にありませんでした」

前述したように、ブルーノートは井上の行きつけのジャズクラブだ。孫から相談された井上は、ボーダフォンの買収資金を負担するにあたり、ヤフーのメリットとリスクを天秤にかけた。そこで松本に、計画が妥当かどうか、その分析を指示したのである。指示された松本にとっては、二人から同じ依頼を受けたことになる。

「巨額投資で非常にセンシティブな案件なので、誰にも知られないよう、おまえ一人でやってくれ」

井上もまた松本に対し秘密保持を命じた。松本が楽屋裏のオチを明かす。

「ソフトバンクがボーダフォンを買ったら、ヤフーにどんなメリットがあるか。結局、孫さんと井上さんのオーダーは同じ。なので、違った資料を作ることはできません。それでちょっとずつ数字だけを変えてプレゼン資料を作ったのですけど、ソフトバンク側から来た資料を見て『おまえ、孫ちゃんに内職を頼まれただろう』と井上さんに見抜かれてしまいました。それで白状し、ヤフーが買収に協力する意味を井上さんに強調しました」

井上にとって当時の懸念は、ヤフーが携帯通信事業に参入すると、NTTドコモやauから敵視されるのではないか、という点だった。それまでの松本はいわば井上の〝分身〟として孫に意見を言ってきた。が、ボーダフォン買収のときは、逆に井上の説得役となる。

「僕も僕なりにボーダフォンの買収は意味があると思っていました。ドコモに反発されるといっても、事業提携もしていないし、元からiモードの中にヤフーが入っているわけでもありません。ドコモユーザーでも、好きな人はヤフーを見てくれるし、お気に入りのブックマークをしてくれている。なによりキャリア（携帯）事業はヤフーの強化になるわけだから、やるべきだと、井上さんを説得しました」

男と男の約束

松本によれば、ボーダフォン買収にあたりヤフー・ジャパンの当初の出資予定額は一五〇〇億円だったという（後にソフトバンク二〇〇〇億円、ヤフー一二〇〇億円の出資と発表）。創業以来、倍々ゲームの増収を重ねてきたヤフーは黒字続きで、無借金経営をしてきた。しかし、このときは別の選択をしたようだ。

「キャッシュを減らすのが嫌だったので、出資金はヤフーで初めて一部低金利の銀行借り入れまでして賄いました。で、そのあと井上さんにちょっとした高級料理屋に連れていかれ、『うまく行かなかったら、おまえが損を埋めろよ』と無茶なことを言われたのです。『駄目だったら、お前が（一二〇〇億円を）銀行に返せよ』と……。『井上さん、僕の年収知っていますよね。僕はサイボーグみたいに働いたってそんな借金返せませんよ』と反論したら、『じゃあ、死ぬまで働く、と念書に書いてサインしろ』と本当に署名させられました」

当人同士は、まるで子供の喧嘩のような口論を楽しんだ。

「逆にもし会社がめちゃ儲かったら、その一割くださいね」

「何言ってるんだ、おまえはサラリーマンだろ、そんなことできるわけないだろ」

「なら、サインはおかしくないですか」

「これは男と男の約束だ。だからサインしろ」

結局、松本は〈覚書　甲松本は、ヤフーのボーダフォン事業に関連して失敗すれば、一生ヤフーで働く〉と白紙に手書きして署名までしたという。

「首にならず、給料をもらって一生働けるんだから、ラッキーじゃないか」

そんな戯《ざ》れ言《ごと》を言い合う二人は、兄弟のように心やすい仲でもある。馬鹿げた会話には、松本に対する井上のある種の愛情が見え隠れする。

「僕は早くに両親を亡くし、神戸から東京に出てきました。天涯孤独だったので井上さんは、親代わりというか、歳の離れた兄のような存在でした。仕事ではたくさん無茶ぶりをされましたけど、結婚したときには井上さんに保証人になってもらいました」

インタビューをした松本は、在りし日の井上に思いを馳せ、たびたび表情を緩めた。ヤフー・ジャパン社内でも、最も濃く深い付き合いをしてきた一人である。

「のちに井上さんが買ったハワイの別荘にも無理やり押しかけましたし、パリの別宅にもお邪魔しました。井上さんは大のワイン好きで知られるようになりましたけど、実はワインを通じた社交界の交遊は、僕が先かもしれません。ワイン愛好家の会にもお連れしました。『この会では僕のほうが先輩なので、僕のことは松本さんか、百歩譲って松本君と呼ばないとダメですよ』と冗談を言ったら、『それなら払いは、全部おまえがしろよ』とマジギレされました」

松本によれば、南青山のジャズクラブ「ブルーノート」にも、二人でしばしば通ったという。

「ブルーノートは人気店なので、なかなか予約できない。ですが、井上さんは月に何度か決まったシートに陣取っていました。ふだんそのシートは得意先を招待したり、社員の慰労のために用意していたのですが、お一人で聴くときもあったのでしょう。そんなとき僕が呼び出される。ボーダフォン買収のときもそう。あのときは、嫌な予感がしたのですけどねぇ」

井上は日本でいち早くモバイル事業を興した松本をことのほか高く買い、孫との難しい交渉を任せた。自分自身が大学生時代に出会ったパソコンと同じように、新たな通信技術に没頭する松本をそばにおきたかったのかもしれない。二人は単なるビジネスライクな付き合いでもなく、趣味も共通していた。

幻の後継社長候補

松本はヤフーBBをはじめソフトバンクやヤフーで新事業のプロジェクトが持ちあがるたび、奔走してきた。そもそもヤフーショッピング事業部の部長として、Eコマース分野で圧倒的に先行していた楽天市場に追いつくよう、井上に命じられたのも、井上の期待のあらわれだろう。松本が振り返る。

「はじめ二〇〇店舗しかなかったヤフーショッピングの出店を二万店舗に増やし、ヤフー社内のIP電話三〇〇台分ほどの席を押さえてコールセンターを始めました。ボーダフォンの話は、ショッピングに携わって三年でやっとそんな体制をつくり、これから楽天を抜くぞ、という矢先の出来事でした」

松本はもともとベンチャー起業家だけに、独立志向が強い。実はヤフーショッピング事業に目途が立てば、会社から離れるつもりだったという。井上もまた、ヤフーショッピングの成功を条件に、松本の独立をしぶしぶ認めていた。

「ようやくその楽天の背中が見えてきたところでした。ところが、それはひとまず置いて、今度はボーダフォンのほうをやれと言う。だから井上さんに、『楽天の背中をタッチできれば、辞めていいと言ったじゃないですか』と食ってかかりました。すると、井上さんはいつものように『でも、おまえも孫さんの性格を知ってるじゃん。ああ言い始めたら、ここは我慢するしかないぜ』と諭すわけです」

松本は南青山のブルーノートに呼び出された。

「次のミッションをクリアしたら、孫さんが何を言おうが、マジで辞めさせてやるからな」

薄暗い店内で井上が松本の肩を叩いた。

「ボーダフォンのミッションって、何ですか」

松本の問いに、井上が答える。

「それはおまえ、（携帯電話事業者として）ドコモを抜くんだよ」

楽天の次は、携帯電話業界で圧倒的なシェアを誇ってきたＮＴＴグループを追い越せ、という。松本もそこまで要求されるとは思っていなかった。

「えーっ、そんなの無理ですよ」

膨れ面を見せる松本を、井上はいつもどおり軽くいなした。

「けど、孫ちゃんのミッションはそれなんだよ。できたら辞めていいよ」

二人きりでブルーノートにいた二時間、松本は店内で何が演奏されていたのか、ただの一曲も記憶にないという。

もともとモバイル事業に詳しい松本は、ヤフーショッピング事業部から、モバイル事業部へ異動し、ボーダフォンの買収計画を手掛けた。そこから次にアイフォーンの導入対応をした。

ソフトバンクグループでは、孫が発案した新たな事業を井上が支えてきた。その井上の腹心だった松本は、ソフトバンクとヤフーの両方の経営会議に参加し、対処してきた。孫と井上のあいだをとりもってきたと自任する松本は、自らの役割を「ハイブリッド」だと表現する。広辞苑によると、そこには「異種同士を組み合わせる」という意味がある。言い得て妙だ。

ボーダフォンやアイフォーン対応というモバイル事業の次は、ヤフーの開発部門に移籍し、さらにインドのプロジェクトを立ち上げた。これも中国マーケットの次を睨んだ孫が井上に指示し、松本がヤフー・インドを設立するため、現地に赴いた。

「そうして井上さんはなかなか辞めさせてくれない。僕はヤフーで二、三年おきに異なる事業部長を任され、結局、ヤフーを辞めたのは、井上さんの社長退任と同じ年になってしまいました」

松本は笑いながら、ＩＴ業界が目をむくような驚くべき話をした。

「三ヵ月に一度、ヤフーの広告をいちばん売ってくれているエージェンシー（広告代理店）の社長と井上さんと僕で食事をしていました。井上さんのいないあるとき、その社長が『このあいだ、井上さんが引退すると言っていたぞ』と漏らすのです。そのうえで『松本を次の社長にする、と井上さんが言ってたぞ』と……。実際、そのあと井上さんと飲んでいて『おまえ、ヤフーの社長に興味ない？』と聞いてきました」

井上は松本を後継社長にしようと本気で考えていた。だが、当人にはまったくその気がなかった。

「ヤフーの社長は、その上に孫さんという重石がいるじゃないですか。井上さんご自身が、その現実をさんざん僕に見せてきたじゃないですか。なので、ヤフーの社長に興味はありません」

松本らしくきっぱりと断った。

「やっぱりな、おまえはそう言うと思ったよ。なら、どうする?」

松本の真意をたしかめるように井上が尋ねた。

「万が一ですよ、孫さんが引退してソフトバンクの社長をしろと言うならやりますけどね」

その松本の言葉を聞いて井上は腹を抱えて笑い出した。

「おまえ、それ、そのまま孫ちゃんに頼んでこい」

井上がヤフー・ジャパン代表取締役社長を退任したのは二〇一二年六月のことだ。二人のやりとりは、それより六年以上前のボーダフォン買収の目途が立った頃だという。井上は松本にさまざまなミッションを与えながら、その実、自らの社長退任の時機を探っていたのかもしれない。

巨万の富の使い道

東京郊外のマンモス公団で育ち、都立松原高校時代からジャズを聴き、東京理科大自動車部で車の面白さに目覚めた井上は、亡くなるまで多くの趣味にふけった。それが嵩《こう》じて高価なクラシックカーやワインを収集するようになる。貧乏学生や安サラリーマン風情には、夢のまた夢の享楽といえる。言うまでもなく、そんなことができたのは、ヤフー・ジャパンを自らの手で創り上げてきたからだ。

井上はヤフー・ジャパンの株式公開により、莫大な財産を手に入れた。資産の原資は株である。参考までに、有価証券報告書で井上の所有株数を確認してみた。

ヤフーの株価が一億円を突破した二〇〇〇年三月決算を見ると、役員欄の井上の個人持ち株数が三〇株となっている。加えて当期には、会社を設立して株式公開をする間に在籍した役員や従業員に新たに発行した株が割り当てられている。いわゆるストックオプションである。

役員のなかで井上の割り当て株は一二九株に達している。億万長者が続出したヤフー・ジャパンにあっても、従業員のストックオプションは草創期の四二名すべて合わせて一八三株しかない。社員一人あたりにすると四株あまりだ。したがって井上の持ち株が飛び抜けて多いことがわかる。この三月期に到達したヤフー株の最高値一億五六〇〇万円で単純計算すると、井上の資産はこのときすでに二四八億四〇〇〇万円に相当した。

井上はこのあとも多くのヤフー株を手に入れ、ソフトバンク株など他の財産と合わせ一説に一〇〇〇億円ともいわれる巨万の富を築いた。その原資をもとに二〇〇二年七月、個人の資産管理会社を設立し、みずほ銀行出身のファイナンシャルプランナーとともに、資産を運用してきた。

COOだった喜多埜もまた、ストックオプションによってヤフー株を所有してきたが、株数でいえば井上の比ではない。

「株の話でいえば、ソフトバンクとヤフーの両社でストックオプションを出していました。なので、たぶん井上さんは両方があったんじゃないかと思います。ですが、プライベートな財産については詳しく知りません。ましてワインやクラシックカーがどのくらいかとなると、さっぱりわかりません」

井上は都内にマンションを購入し、そこに住んできた。そこからとつぜん〇三年九月には箱根に広大な別荘用地を購入する。井上がワインやクラシックカーなど趣味の世界に没頭するようになったのは、ちょうどその頃からだ。

井上はヤフー社内でもプライベートなことをいっさい話さなかった。そのため幹部社員たちでも、家族のことすら知らない。

井上はソード時代の同僚と結婚し、夫人とのあいだに長男と長女をもうけた。ヤフーの仕事で多忙を極めてはいても、子煩悩なところがあり、休日はできる限り家族と過ごし、小中学校の子供の行事には必ず参加した。もっとも、ちょうど別荘を建設しようとしたこの頃には二人の子供が成人して手が離れ、夫人と別居していたようだ。

「ご家族のことは本当におっしゃらなかったので、私にもよくわかりません」

秘書だった小島涼子もそう話したが、秘書だけに住まいとなる箱根の別荘のことは把握しておかなければならなかった。

「別荘ができる前のしばらく、週末は気分を変えたいんだと、都内のホテルに泊まられていました。その後別荘が完成してからは、金曜日に仕事が終わると、そのまま箱根に向かうことが多くなりました。だから金曜日はよほどのことがない限り、会食の約束を入れないようにしていました」

小島はこうも言った。

「その頃はブルーノートに通う回数も減り、ご自分で車を運転して会社から箱根に行っていました。ですから週末は基本的にずっと箱根にいらした。あのあたりから会社を終えたあとの遊び方が変わったかもしれません」

まだ社内の誰にも打ち明けていなかったが、井上にとって箱根の別荘建設は引退後の準備にほかならなかった。つまり別荘計画は、ヤフー・ジャパンの社長から身を引く決意を固めようとしていた時期と重なる。喜多埜にも別荘のことを尋ねてみた。

「僕もそこには行ったことがあります。箱根の山を車で登っていったところに、大きな屋敷を建てていました。まるで旅館のように部屋がたくさんあって、何人かで行くと、それぞれの部屋を割り当てられて泊まりました。各部屋には温泉の出る風呂が備えられ、ヒノキ造りの浴槽であったり、岩風呂であったり、それぞれに特徴がありました。別荘にはワインセラーもありましたけど、セラーというよりワインの部屋でした」

前に書いたように建設総工費は、実に三〇億円にのぼる。喜多埜と同じく、井上の側近である松本も別荘に遊びに行っている。その印象を語った。

「井上さんにとって箱根の別荘は、まさに趣向を凝らして丹念につくりあげた特別な空間でした」

井上はインターネットの先端テクノロジーでは味わえない別の空気を吸いたかったのだろう。その趣味のための相談に乗ってきたのが、秋本康彦である。井上にクラシックカーコレクションの手ほどきをした秋本は、別荘建設にも深くかかわっている。

「井上さんは五〇を過ぎたあたりから常々、もうリタイアしたいんだと漏らしていました。『これからはもっと若い人でなければヤフーを経営できないので人を育てたい』と。そこに非常に興味を持っていて、『だからもう身を引きたいのだけど、なかなかそうさせてくれないんです』とぶつくさ言っていた。それとともにワインや車にはまっていったのです」

松本に社長を譲ろうとしたように、井上はこの時期、ヤフー・ジャパンの経営を後輩に託そうと考え始めていた。その一方で、本人は豪華な別荘をつくり、趣味に熱をあげていく。そこには、どんな思いがあったのだろうか。

少年時代の夢を

井上には実業家と趣味の達人という二つの顔がある。いずれも型にはまった通り一遍のそれではなく、尋常ではないこだわりがある。それでいてどちらも当人の行動は、いたって気の向くままで、子供じみているようにも見える。なかでも趣味には、少年時代の風景が色濃くにじむ。

日本の都市成長の縮図のような東京・世田谷区祖師谷団地に生まれ育った井上は、その記憶をひといちばい大切に守ってきた。商店や農業など首都の郊外で家業を営んできた旧来の地主たちが地価高騰の恩恵にあずかって富を手にする一方、マンモス団地の住人はそんな土地成金と隣り合わせに暮らしてきた。それぞれが実直に働き、ささやかな豊かさをつかんでいった。

かつての井上一家はまさに後者の団地族であり、高校生時代、実弟と二人で共有していた狭い子供部屋に裕福な友だちを招いた。そこでコーヒーやジャズの講釈を一席ぶっていた井上少年にとって、総工費三〇億円の別荘はまさしく「夢」の具現でもあった。

箱根の別荘計画について、計画当初から井上の相談相手となった人物に会うことができた。インテリアプロデューサーの赤尾嘉一《よしかず》だ。

「はじめの打ち合わせの中で、別荘を設計する建築家をどうするか、という質問を井上さんにしました。すると、『建築家に頼むと作家性が強調されてPRになるだけだから嫌だ。そうではなく、自分の思いを実現できる箱にしたい』と熱くおっしゃる。著名な建築家より、ゼネコンの設計部のほうがクライアントの立場でいろいろとコンサルティングをしますので、そのほうがいいだろうという結論になり、竹中工務店に設計・施工を依頼しました。建物はそうでしたけど、そのほかのインテリアなどについては、別途、専門家たちと私がコンサルすることになりました」

なぜ井上雅博はIT業界から身を引こうと考えたのか。その理由は後述するが、この頃、井上はビジネスから逃れるための〝隠れ家〟をつくろうとした。贅を極めた別荘の母屋が完成したのは、土地を購入した一年半後の二〇〇五年四月のことだ。鉄筋コンクリートづくりの地下一階地上二階建て、頑丈な洋風家屋だ。そこから別棟のガレージをつくった。増築分を含めると、広さは延べ床面積二四五六・五八平米、七四四坪もある。

そこでIT業界から趣味の世界へと自らの軸足を移そう、と趣味の仲間と交わっていった。

将棋の駒の動きに由来する成金は、えてして語源の趣旨とは違った響きをもつ。無駄に大きな家に住んで絶世の美女をはべらせ、高級外車を乗りまわして豪勢な酒食に酔う。あか抜けない金満家――。やっかみも手伝い、軽蔑の対象としてネガティブに解釈される場合が多い。

しばしば見かける成金の行動パターンは、貴族の遊びを真似ているだけだともいえる。にわか分限に贅沢な遊びが似合わないのは、運よく手に入れた財力をひけらかし、一夜漬けの教養を自慢する底の浅い思慮が、透けて見えるからだろう。

井上もまた、典型的な成金に違いない。

「団地育ちだからこのくらいは許される」

当人は親しい友人にそう遜《へりくだ》った。その言葉の裏には、身の丈を超えた贅沢をしているという自虐的な意識とともに、自己承認欲求も見え隠れする。

ただし、人も羨む娯楽を大っぴらにひけらかすことはしなかった。なぜだろうか。

第七章
知られざる趣味の世界

井上が所有していたハワイのコンドミニアム

プライベートサロンの打ち合わせ

活火山の箱根は古来、東海道の要衝だった。いたるところに良質な温泉が湧き、人々は霊峰を眺めながら湯につかって旅の疲れを癒やした。近年、富士箱根伊豆国立公園に指定され、芦ノ湖、大涌谷、仙石原など、名所を目当てに観光客が訪れるが、今のような賑わいは大正から昭和にかけ、堤康次郎と五島慶太がリゾート開発に乗り出したことに始まる。

西武鉄道と東急電鉄という二大私鉄グループの総帥が、箱根の外輪山に臨む景勝地の開発を巡って覇権を競った。その土地開発は、日本の産業界で「ピストル堤と強盗慶太の決戦」と語り継がれてきた。仙石原には今も西武のプリンスホテルが聳《そび》え、東急不動産の分譲した別荘地が広がる。箱根は多忙を極める政財界の要人が、しばし羽を休める高級リゾート地として栄えてきた。

とりわけ終戦から高度経済成長期にかけ、多くの新興成金たちが私鉄の両雄に倣い、別宅を設けようとこの地を買い求めた。戦災孤児から成りあがった横井英樹もまた、その一人である。のちに百貨店「白木屋」の乗っ取りや「ホテルニュージャパン」火災で悪名を馳せた蝶ネクタイの紳士だ。横井は所得倍増計画の発表された一九六〇（昭和三五）年八月、妻の路子名義で仙石原の別荘用地を買った。だが、やがてバブル景気の崩壊とともに事業に行き詰まり、広大な地は放置されて荒れ放題になる。そこが、井上の見つけた箱根仙石原の別荘地だった。都心に近い箱根にありながら、まだ開発されていない稀有な物件といえた。

「大手デベロッパーが造成して売り出す別荘だと、どれも似たような感じになって面白味がないからね」

井上はこの地を探してきたインテリアプロデューサーの赤尾嘉一に満足げにそう話し、すぐさま土地を買うことにした。赤尾と井上は別荘地を購入した二〇〇三年から母屋の第一期工事が終わる〇五年まで一年半以上、毎日のように打ち合わせを繰り返した。別荘の計画段階ですでに井上はヤフー・ジャパンの社長を退く腹づもりではいた。だが、かといって、箱根の別荘を退任後の余生を過ごす終《つい》の棲家《すみか》にしようとはしていなかったようだ。赤尾はどのように別荘を使いたいのか、あらかじめ井上に確認した。

「のちのちヤフーをリタイアしたあと箱根に定住するおつもりでしょうか」

赤尾が尋ねると、井上が答えた。

「いや、とりあえず週末にリセットするための隠れ家にしたいんだ」

まず井上は仕事をしながら、趣味に没頭できる空間づくりを目指したようだ。

「では、もともとヤフーではどういう仕事のスタイルなのですか」

「社内では俺はほとんど動かない。ヤフーは（六本木）ヒルズで一〇フロア使っていて、いちいち僕が用事のある部署に出向いていったら、大変だからね。みなを社長室に呼んで打ち合わせするだけなんだ」

赤尾は日常の井上の生活を参考にしながら、別荘計画を進めていった。

「つまりいったん会社に入れば、ほとんど動かないわけですね」

赤尾は細かく提案した。

「でも計画通り、建物にいろんな施設をつくれば、別荘にいるあいだ、一日数百メートルは歩くことになります。スリッパだと一週間でダメになりますから、ルームシューズを履かなければいけませんね」

赤尾はガレージのある別棟を建てた二期工事を含め、別荘建設について初めから終わりまで計画のすべてを知り尽くしている。こう述懐する。

「ヤフー・ジャパンといっても孫さんばかりが目立っていて、ご本人は表に出たがりませんでした。別荘が評判になってはいけないともいう。それで、ずいぶん気を使いました。なにより井上さんはご自分の満足を大事にされる方でした。当時のヤフーは六本木ヒルズにあり、ご自宅は西麻布でした。実はその間に内緒でプライベートなフレンチレストランをつくって、そこで打ち合わせをしてきました」

その秘密のレストランは店名を「リカズ」といった。井上が親しい女性の名前から付け、本人はオーナーとして店の経営を彼女に任せていた。ちなみに井上はこの頃、ソード時代に結婚した夫人と別居し、リカズの女性店主は井上の個人資産管理会社の役員にも名を連ねるようになる。

リカズは入り口が地下一階にあり、そこと地下二階で営業していた。地下一階では一般客の予約も受け付けていたが、客のほとんどが井上や彼女の近親者ばかりだ。地下二階の奥が完全個室になっており、そこがヤフー社長のプライベートサロンと化した。赤尾の回想。

「たまに予約の方が地下一階でワインやフレンチを食べていましたが、井上さんは常に地下二階の自分だけの専用ルームを使いました」

リカズの井上専用部屋は天井にプラネタリウムが光り、防音装置がしっかりしていて音がいっさい外に漏れない。そこで関係者が膝を交えて、箱根の別荘をどうするか、検討していった。特注で竹中工務店の制作した別荘の模型が置かれ、それを弄《いじ》りながら夜ごと議論が白熱する。赤尾は常にその打ち合わせに参加した。

「井上さんがヤフーからやって来るのが、だいたい夜の七時半から八時。そこから打ち合わせが始まり、毎回終わるのが午前一時ぐらいでした。井上さんのこだわりがすごいし、飲んだり食ったりしながらなので、とにかく会議が長いのです」

赤尾は、井上との打ち合わせがつい昨日の出来事であるかのようだと話した。

「実ははじめ井上さんの希望は、それほどたいそうなものでもなかったのです。たとえば『どのぐらいのワインを置くつもりなんですか』と聞くと、最初は『常時、一〇〇本ぐらいあればいいんじゃないの』と言っていました。ところが、打ち合わせを重ねるうち、『いや僕は歳もいってきたから、いいワインをいっぱい飲んでみたいし』とだんだん話が変わってきた。そこに対応するため、計画が広がっていきました」

井上の注文はどんどん膨らんでいった。リビングやゲストルームはもとより、ワインセラーやクラシックカーのガレージ、オーディオルームやシガールーム、プールにいたるまで、井上は赤尾へ思いつくまま手当たり次第に発注した。赤尾はそれぞれの要望に応じた専門家を手配していくほかなかったという。

「インテリアは僕が担当していました。でも、たとえばワインセラーづくりは専門家ではないのでわかりません。そこで、詳しいソムリエを井上さんに紹介し、計画を練っていきました」

旺文社一族との奇縁

一口にワインの愛好家と言っても、その世界は桁違いに奥が深い。井上も少しばかりはワインに詳しかったが、ソムリエ修業をしてきたわけではない。そこで赤尾は別荘建設のため井上に優秀なソムリエを紹介したという。

「ワインについては、たまたまトゥールダルジャン（パリが本店のフレンチレストラン）のソムリエから独立され、日本ソムリエ協会の会長をやっていた方を知っていたので、お引き合わせしました。その方にワインの収集リストをつくってもらい、さらに打ち合わせを進めていくうち、結局、井上さんの希望が五〇〇～六〇〇〇本、数千本と増えていき、一万二〇〇〇本を収めるワインセラーをつくろうという話になったのです」

クラシックカーのガレージづくりにしても同様だ。大学の自動車部時代から名車に対する憧れはあったが、年代物のヴィンテージカーを集めていたわけではない。斯界ではずぶの素人扱いだ。赤尾はその井上のために、クラシックカーコレクションでもひと役買った。

「井上さんは『俺は大学時代に自動車部だったから、車がいっぱい欲しいんだ』と言い、西麻布のサロン（リカズ）には高級車のカタログをいっぱい並べていました。で、『ところで井上さん、クラシックカーを持っているんですか』と聞いたら、『これから買うんだよ。東京にはそんなに置けないから、箱根なんだ』という調子でした」

のちにレースに出場して命を落とすことになるクラシックカーの出発点も、ここからだ。

「僕は日本を代表するクラシックカーマニアであり、たまたま同姓の旺文社の赤尾一族の方から車のことを教わりました。それから世界のクラシックカーレースに出場されてきた秋本（康彦）さん。クラシックカーの第一人者の秋本さんと赤尾さんを井上さんに紹介し、相談に乗っていただきまして、ガレージづくりに取り組んだのです」

　英単語集「赤尾の豆単」の発案で知られる旺文社の赤尾好夫は出版だけでなく、テレビ朝日や文化放送などの放送局の創業に携わったメディア界の大立て者だ。米フォーブス誌が選ぶ世界の富豪一〇〇人にランクインするほどの実業家である。別荘建設のアドバイスをしてきたインテリアプロデューサーの赤尾嘉一と同じ赤尾姓だが、血縁関係はない。

　知る人ぞ知るクラシックカーマニア、赤尾の経営する旺文社の地下ガレージには、年代物の愛車が何十台も置かれてきた。赤尾が言う。

「赤尾好夫さんの長男である一夫さんが、旺文社インターナショナルの社長をなさっていて、ヴィンテージカーをいっぱい所有していました。僕は一夫さんとビジネスで知り合い、箱根の別荘をつくるとき井上さんにお引き合わせして車の指南をしていただきました」

　こう言葉を足す。

「井上さんは自らの趣味の中で、ワインと車にいちばんエネルギーを注ぎました。だからこそ赤尾一夫さんを紹介したのですが、クラシックカー収集のもう一人の指南役が秋本康彦さんでした。秋本さんは、まさに日本におけるクラシックカーの第一人者で、ミッレ・ミリアにも出場していました。日本のミッレ・ミリアには堺正章さんなんかも出ていますが、秋本さんは第一回から出場しているはずです」

イタリアで始まったクラシックカーレース「ミッレ・ミリア」は、世界中で開催されているが、そこには格付けがある。なかでもカリフォルニア・ミッレ・ミリアは、イタリアと並び称される格式の高いレースだ。井上はいつしかそこに出場するようになる。さらに真夏に開催されるクラシックカーコンテストにも愛車を出品してきた。

世界中の富豪が集うそんなイベントに井上をデビューさせた案内人が、秋本である。井上は赤尾と秋本という二人の指南役のおかげで、瞬く間にクラシックカーの世界でその名を知られるようになる。赤尾はこうも言った。

「クラシックカーにはそれぞれヒストリーがあって、所有する人によって車の価値が高まる場合もあれば、下がることもあります。簡単にいえば、たとえば元の所有者がラルフ・ローレンだと車の価値も上がる。メンテナンスをきちんとし、そこにヒストリーを残さなければなりません。売り主、買い主の人物が大事なのです」

井上は箱根の別荘にある大理石張りのガレージに一二台のヴィンテージカーを並べた。愛車を眺めながらワインを味わい、至高のときを過ごす。ビジネスから逃れた井上の隠れ家は、想像以上にデラックスだった。

住み込みシェフのもてなし

別荘計画の中心となった赤尾を取材したとき、本人がカバンの中に別荘の内装写真を持参していると話したので、頼み込んでそれを見せてもらった。写真集をめくると、まずダダッ広いリビングに目が止まる。

「このリビングは一五〇平米ほど、一〇〇畳、五〇坪近い広さがあります。井上さんはここにあるソファーによく座っていましたね。リビングのソファーの奥に見えるのがキッチン。井上さんは、あまりご自分で料理をされないとおっしゃるので、別荘には住み込みのシェフを雇うことにしました」

写真のイタリア製ソファーやキッチンを指さしながら、赤尾が丁寧に説明してくれた。

「加えて、別荘には設備のメンテナンスなど管理業務をする方も常駐していただく必要がある。それで、心当たりのある管理会社三社に、『料理人と管理人を兼ねて働いてくださるようなご夫婦はいませんか』と頼んでみました。すると、三社がそれぞれご夫婦を提案してくれたので、三カップルをノミネートして書類選考しました。そこから二カップルに絞り、煮魚など日本料理を三品つくってもらい、料理対決をしてもらった。最終的に、人柄がよく、機械にも強いご夫婦に頼むことにしました」

井上は割烹料理屋に勤めた経験のある料理人を選んだ。おかげで別荘にやって来るゲストたちは、朝昼晩の三食、本格的な日本料理を味わうことができた。

赤尾の提案により、広いリビングにはスタインウェイ・アンド・サンズ製のヴィンテージピアノを設置した。米ニューヨークと独ハンブルクで製造されてきたスタインウェイは、世界最高峰のピアノの一つに数えられる。

「ご自身はピアノを弾かないというので、自動演奏装置を付けました。井上さんはとくに音にうるさい。それで、スピーカーはアナログのパラゴンにしました。外見がガウディの彫刻のようで造形的にも美しいスピーカーです。一つ五〇〇〇万円くらいするのですが、井上さんも気に入り、納得されていました」

リビングルームの隣には寝室がいくつも並んでいた。和洋三タイプの寝室があり、井上自身はそのなかでも和モダンにしつらえた寝室が気に入り、週末になると、そこで過ごした。寝室はそれぞれに源泉かけ流しの個室温泉を備え、管理人として雇われたシェフの夫人がルームメンテナンスを担った。ゲストたちが銘々、畳やベッドで寛《くつろ》ぎ、湯につかる。そこは文字どおり都会の喧騒を離れた高級旅館のような趣向を凝らしていた。

写真集の次のページには、リビングの向こうに庭が広がっている。部屋の大きなガラスの扉を開くと、バルコニーに出られるようになっていた。そこにあるリクライニングチェアーに座れば、目の前に富士山が現れる趣向だ。赤尾の解説を続ける。

「井上さんは常駐のシェフだけでは飽き足らず、たまに寿司職人を呼んでリビングでパーティを開いていました。またダーツやビリヤードもお好きなので、そのコーナーもオリジナルでつくりました。別荘にはもちろんプールもあり、フィットネスマシンで自転車を漕いだあとはプールサイドのジャグジーで身体を休めてもらう。目の前にスクリーンが降りてくる仕掛けをつくり、身体を休めながら映画を楽しめるようにしました」

赤尾の専門分野であるインテリアについては、欧州にまで調達に行ったという。

「だいぶ別荘の骨格ができてきた頃、家具の提案をしました。僕は以前にカッシーナにいたこともあり、その他、アルフレックスやB&Bといったイタリアを代表する家具メーカーのものをお薦めすると、『それは今の家でも使っている。せっかくだから、ショールームで見てるようなそういうんじゃなく、誰も知らないようなやつを入れようよ』という。

僕なりに提案しましたけど、井上さんは、あとからダメ出しすることが多いので、それならいっそのこと見に行こうとなった。日本にはない家具なので、ご自分の目で見たがったわけです」

赤尾は家具を調達したイタリア旅行のときの写真も大事に保管していた。多忙を極める井上は、家具を買うためにわざわざ休暇までとったという。

「パリに二泊、コモに一泊、ミラノに二泊、欧州五泊の旅でした。イタリアのショールームの家具を確認した上で、予定を組んでアテンド（案内）しました。飛行機はもちろんファーストクラス、僕らも便乗して随行させていただきました。現地では、僕が雇ったイタリア人のドライバーにベンツのタクシーを運転してもらい、いろんなところを回りました。イタリア人の女の子と一緒にご飯を食べたり、その子に旅先をアテンドしてもらったり」

赤尾がイタリア旅行の写真を目の前に広げた。

「これはすごかった、アルファロメオの博物館ですね。井上さんはそこのヴィンテージカーを熱心に見ていました。そうかと思うと、ミニカーショップに立ち寄る。そこでミニカーを六〇〇台も買いました。ショップの店主が、『在庫がなくなっちゃったよ』と喜んでいましたね」

前に、箱根の別荘は二期に分かれて施工されたと書いた通り、建設工期はけっこう長くかかった。〇三年九月に土地を取得し、一期目の母屋の竣工が〇五年四月二五日、二期目の工事はその二年後の〇七年八月二四日までと四年近い長期にわたっている。前に書いたように二期目の主な工事は、クラシックカーを置くための別棟のガレージ建設だ。

「二期目の工事では、まず母屋の半地下から地下に移り、長いトンネル廊下をつくりました。そこを通って別棟に行けるようにしたんです。その七〇メートルほどの廊下に棚を設置し、ライトアップしてミニカーを飾るようにしました」

地下廊下の先がガレージだ。そこはまるで博物館のような煌《きら》びやかな内装が施されている。大理石の床に、壁は一面、ミラー張りになっている。まさに日常からかけ離れた空間というほかない。再び赤尾の写真説明——。

「ほら、ヴィンテージカーが並んでいる床から、ワンステップ下がったところにスペースがあるでしょ。ここがバーになっています。意図的にそこを低くして、バーの椅子に腰かけると、ちょうど目線が車を眺める絶妙なアングルになるような高さに設定しています。それも井上さんのこだわりというか、クラシックカーマニアならではの凝り方なのです」

井上の別荘は、インテリアプロデューサーの赤尾にとって、自らが手掛けた最高傑作建築の一つに違いない。写真をめくりながら、顔を綻ばせている。

「このガレージの裏側には、書庫とLPレコード専門のオーディオルームを設けました。オーディオルームの家具はみなドイツ製で、井上さんはそれもご自分でちゃんと選んで買われました。そこには、ルートロンというリモコンシステムを設置しました。映画館のように、ボタンを押すと、パーッとカーテンが開き、ふわっと照明が点《つ》く。それぞれの音楽に合わせた（照明の）シーン設定ができるようにしているのです。ホームシアター製造を専門にし、オーディオに関してすごく造詣の深いトムテックという会社を井上さんに紹介して、そこがこのオーディオルームをデザインしました」

井上やゲストたちがプールサイドのシアター設備やオーディオルームで、映画や音楽を楽しみ、日常とは異なるひと時に浸る。そんな光景が目に浮かぶ。

「やはり井上さんのお聴きになる音楽は、ジャズが多かったかな。けど、ポピュラーもお好きでした。それもこだわりがあって、昔のLPレコードで聴いていました。映画はハンフリー・ボガートの『モロッコ慕情』とか、ああいう古い洋画が大好きでしたね」

仏をはじめ米カリフォルニアなど世界中から取り寄せた一万二〇〇〇本を所蔵してきた自慢のワインコレクションは、飲むためのものを含めると、最終的に一万五〇〇〇本に上ったという。

井上はさらにシガーセラーまでつくった。

「ガラスで仕切られているワインセラーの向こう側が、シガーコーナーなんです。シガーとワインでは、温度と湿度の管理システムが異なるので、仕切られています。井上さんやゲストがバーカウンターに座り、どちらも楽しめるようにしていました」

英国紳士はスコッチを舌で味わいながら葉巻を燻《くゆ》らす。ワインと葉巻、それにクラシックカーはそれより相性がいいらしい。

「ワインのソムリエと同じく、シガーの世界にもシガリエという専門家がいます。旺文社のクラシックカーを管理している方の紹介で、南麻布にあるシガーバーの経営者を知り、井上さんに紹介しました。全体の予算を決め、キューバやベネズエラ、コロンビアなどから、葉巻を買い集め、ここに置いていました」

箱根の別荘には、ジグソーパズルで遊ぶ専用部屋までつくった。井上は専門家の教えを請いながら、趣味の世界にどっぷりとつかっていった。だが、それだけでは飽き足らなかったようだ。井上は箱根を「山の別荘」と名付け、さらに「海の別荘」を物色し始める。

巨大な〝おもちゃ箱〟

赤尾はやはり楽しそうだ。

「別荘の建設中も、井上さんがオーナーとなっている『リカズ』で連夜プロジェクトミーティングをしていました。そこで井上さんがとつぜん『箱根は山だから、海にも家が欲しいよね』と言い出したのです。『どうせなら、海の別荘も買おう』となって、江の島まで見に行きました」

江の島は、相模湾に面した神奈川県藤沢市の陸繋島《りくけいとう》である。湘南海岸から橋で渡る。正確にいえば、井上は江の島ではなく、その手前の小動《こゆるぎ》岬という小さな半島にもう一つ隠れ家を建設しようとした。売りに出されていた別荘用地の情報をキャッチし、視察に出掛けたのだという。

「小動神社のそばにあるこの土地がまた、絶景でしてね。そこに立って海岸を眺めると、江の島大橋沿いに富士山が浮かび、紅い夕日が沈む。井上さんはそれを気に入って購入を即決しました。この絶好のシチュエーションにどんな別荘を建てようか、と皆で研究していきました」

だが結局、海の別荘は日の目を見なかった。

「簡単にいえば、箱根のガレージをつくる二期目の工事で手いっぱいだったからです。ワインセラーをどうするかとか、どうやって車を買うかとか、濃密な議論が必要ですから、それどころではなかった。井上さんは、箱根の別荘を自分のプライベートなおもちゃ箱と言っていました。そばが箱根の国立公園なので、条例に縛られたさまざまな規制もある。加えて先々売る可能性もありますから、建設中にそこを考える必要もある。たとえば旅館に売ろうとしても、建物だけで三〇億円かけていますので、宿泊客には一泊あたり三〇万円くらいいただかないと採算がとれません。だから、なかなか……」

幼い頃の夢を叶えようと熱を入れた巨大な〝おもちゃ箱〟は、ひょんなことから売りに出される。赤尾が述懐した。

「別荘を売ったきっかけは、箱根山の噴火かもしれません。観光客が寄り付かなくなり、大涌谷の源泉の担当者から、別荘のお湯の供給を止めたいと言ってきたのです」

四〇万年前に活動を開始した第四紀火山である箱根山では地震や噴火はさほど珍しくないが、とりわけ二〇一五年六月の火山活動は激しかった。大涌谷の噴煙がなかなかおさまらず、別荘への影響が甚大だったという。

「噴火したときの石が建物に落っこちてきたらアウトなので、心配でした。それでクラシックカーをガレージから出して移動させ、ワインも東京に運びました。実はこの少し前、井上さんは京都にもマンションを買っていました。それで『もう売りたい。いっそのこと京都に住もうか』と箱根に対する思いが薄れていきました」

それが、一六年末から一七年にかけてのことだという。別荘完成から、約一一年が経っていた。すでにヤフーを退社したあと、亡くなる半年ほど前のことである。結局、箱根の別荘はあまりに豪華すぎ、井上本人が亡くなるまで売れなかった。カリフォルニアのクラシックカーレースで命を落とした三ヵ月後の二〇一七年八月、ようやく買い手が現れた。

買ったのは都内の経営コンサルタント会社だ。そのコンサルタント会社では、社員の保養施設としてここを活用するつもりのようだった。だが、改めて別荘を訪ねても、あまり使われている気配はない。

井上が〝おもちゃ箱〟と自虐的に表現した〝箱根の隠れ家〟は、成金趣味といわれれば、そのとおりである。当人はかつてパソコンやインターネットに夢中になったときと同じような情熱をそこに注いだ。

「目立つことは嫌だから」

井上は箱根の別荘で満足することなく、京都やハワイ、フランスに趣味のために別宅を買いあさっていく。むろんそれはヤフー・ジャパンの社長退任後の生活を想定していたからだ。ヤフー時代の井上から後継社長に指名されて断った松本は、それらの別宅に押しかけた。

「僕はヤフーでずっと井上さんの特命係をやり続けましたから、そのくらいは許されると思いましてね。井上さんがお辞めになったあと、パリへ行ってワインをいっしょに飲み、井上さんの行きつけのハワイのステーキハウスにも連れて行っていただきました」

井上と同じ二〇一二年にヤフーから去った松本は、ずっと交流を続けた。

「井上さんは社長時代からハワイによく行っていらして、その頃の定宿が（ホノルルの三大リゾートホテルの一つ）ハレクラニでした。別にゴルフをするわけでもなく、プールサイドでずっと本を読んでいたり、バーでワインを飲むだけでした。井上さんはそれがすっかり気に入ってしまいましてね。ダイヤモンドヘッドに近い白いコンドミニアムの最上階を三部屋まとめて買い、それぞれの部屋の壁をぶち抜いて改装して使うようになりました」

井上と松本はすこぶる仲がよかった。ヤフーの社員たちは、プライベートな井上の趣味についてはほとんど知らされていなかったが、松本だけは特別だったのかもしれない。

「井上さんは社長をお辞めになったあと、いわゆる世界を巡るトラベラーになろうとしました。その拠点として、ホノルルのコンドミニアムのほか、パリのマンションを購入されました。箱根、ホノルル、パリ、と僕がお邪魔した井上さんの三軒すべての別荘には、ワインセラーがありました。そのなかでパリのマンションは、ワインの買い付け拠点にしようとしたのでしょう。箱根ほどでないにしろ、どの別宅にも一〇〇本や二〇〇本のワインがいつでも飲める状態で置いてあり、それとは別に年代物のコレクションがありました」

ビジネス現場における井上雅博は、常に孫正義の後ろに控え、孫を支える役割を果たしてきた。言ってみればソフトバンクグループのナンバー2で、孫の影のような存在である。それゆえ、自らの趣味においても、世間に知られないよう気を配り、目立たないよう心掛けていた。それは、ある意味、ヤフー・ジャパンの社長から身を引いたあとも同じだった。

「ヤフーの社長を引退したあとの井上さんは、『若い人たちをインキュベート（乳児の保育から転じてベンチャー起業家の育成の意味で使用される）することに徹したい』とおっしゃっていました。『俺、目立つことが嫌だから』と……」

ヤフー・ジャパンの社長退任前後の井上について聞くと、先の赤尾はこう印象を語った。

「ハワイにコンドミニアムを買われてからは、そちらがずいぶん気に入っていたみたいでした。一度行くと、長いこと滞在しておられました。まだ箱根の別荘も持っていらしたけど、たまに日本に帰ってきて箱根に行くみたいな、そんな感じで、井上さんにとっての箱根の意味がだんだん小さくなっていったように感じました」

ハワイのコンドミニアムを買い求めた井上は、社長退任後、日本を離れた。そのせいだろうか、後進の育成をするといっていた新たなビジネスに手を付けることもなかった。

「ハワイのコンドミニアムを買う少し前でした。私も井上さんから誘われて物件探しに付き合いました。クラシックカーのコンテストがある八月にカリフォルニアに行き、その後すぐにプライベートジェットに乗って、ホノルルまで行った覚えがあります。彼はハレクラニのスイートに泊まり、僕らは隣のジュニアスイートに部屋をとっていました」

そう話すのは、井上のクラシックカー仲間の一人である入川秀人だ。入川は建築家でもあるため、ハワイのコンドミニアムを買うにあたり、井上の相談に乗ってきたという。

「日頃、彼は運動しないし、ひどい腰痛持ちだったから、ハワイでは朝いっしょにアラモアナ公園を走っていました。たまに馬に乗りに行ったり、ハワイ島のマウナケア山に登ったり。思い出せば懐かしいですねぇ。昼からコンドミニアムを探し、夜はハレクラニに戻ってスイートルームにバトラーを呼んで日本食をつくってもらって食べていた。五年ぐらいそんなことをやっていました」

世界中から観光客が訪れるリゾート地のハワイは、多くの日本人富裕層がコンドミニアムを所有してきた。わけても二〇〇〇年代に入ると、ＩＴ長者たちによる不動産漁りが激しく、今なお物件が高騰し続けている。井上は金に糸目をつけず、コンドミニアムを買った。

「三部屋をぶち抜いて使っていた」

そう松本が説明してきたホノルルのコンドミニアムとは、どんな部屋なのか。井上が終の棲家にしようとしていたそれを探すため、私もオアフ島に飛んだ。

特別な「黄金海岸」

サーフィン発祥の地とされるワイキキビーチでは、デューク・カハナモク銅像が目いっぱい両手を広げ、観光客に歓迎の意を表している。珊瑚に囲まれた楽園ハワイ八島の中でも、オアフの浜辺は、今もって世界の旅行者を惹きつけてやまない。

旅行ガイドに聞くと、昨今、日本のＩＴ長者がワイキキ近くに新築された真新しいコンドミニアムを買い漁り、評判になっているそうだ。夏休みや正月休暇になると、その部屋に芸能人を招待してパーティを催す。おかげでこのあたりの新築コンドミニアムの価格が高騰し、一〇億円近い部屋も出現しているという。

「私はホノルル市内全般で長いあいだ不動産の仲介をしていますが、近年は過熱気味ですね。いまや新築高級物件の相場は四ミリオン〜五ミリオンドル（四・四億〜五・五億円）に跳ね上がっています。最近では、ショッピングセンターのあるアラモアナとダウンタウンのあいだのカカアコというエリアで、ハワード・ヒューズというデベロッパーが六二エーカー（二五万平米）の広大な敷地にコンドミニアムを次々と新築し、そこも人気を呼びました。またアラモアナに近いコンシェルジュ（執事）付きの低層八階建てコンドミニアムなどは、一部屋あたり六ミリオン〜七ミリオンドル（六・六億〜七・七億円）で売り出されています」

日本からハワイに移住して不動産仲介業を始めた桝谷佳織が、ホノルルの不動産事情をそう説明してくれた。ほかでもない、井上にハワイのコンドミニアムを仲介したのが、彼女である。

「ワイキキにオフィスのあったシティバンクのマネージャーから、たまたま井上さんを紹介していただきました。シティバンクの方は井上さんの資産管理の相談に乗ってきたようで、私も彼らと井上さんのコンドミニアム探しのお手伝いをするようになったのです」

もっとも井上の買い求めたコンドミニアムは、近頃人気のワイキキ近くのそれではなかった。ホノルルの中心部にあるワイキキビーチから南へ海岸沿いに一〇分ほど歩くと、カピオラニ公園が見えてくる。そこは、常夏特有の色鮮やかな緑の芝が広がっている。カピオラニ公園はホノルルマラソンのゴール地点として、日本人にも馴染みが深い。ここからダイヤモンドヘッドを目指して登山をする観光客も少なくない。その大きな公園の一角にラグビー練習場があり、ゴールポストの傍で犬がボールを追いかけていた。

目ぼしい建物を探していると、それらしき真っ白いコンドミニアムがある。建物の一階にある管理人に井上のことを聞いてみた。

「オー、ミスターイノウエ、よく知っているよ。ここのいちばん上に住んでいたよ。でも、あそこはもう売りに出されているよ」

井上のコンドミニアムを訪ねたのは、二〇一九年一月のことだ。その二年前まで本人がここに住んでいたのは間違いなかった。海岸沿いにある一二階建てのコンドミニアムだ。生前の井上に頼まれ、部屋を世話した桝谷は、ホノルルに住んで早三〇年になるという。

「このあたりは、ゴールドコースト（黄金海岸）と呼ばれています。日本人のあいだではオーストラリアのゴールドコーストが有名ですが、意味は同じなのでしょう。実は、ホノルルでも最も古く開発されたリゾート地でした。ワイキキが整備される前にすでに開発され、富裕層が買い求めてきた特別な地域です」

彼女がそう説明してくれた。井上のコンドミニアムは、黄金海岸沿いに建っている。

「オアフは島の真ん中にコオラウ山脈が聳え、山の斜面に風があたって雨が降ります。加えてこのエリアは、近くにダイヤモンドヘッドがあるので、そこにも雨が落ちます。おかげで湿気が抜け、年中、心地よい爽やかな風が吹きます。ここはハワイ・オアフのなかでも、とりわけカラリとした理想的な気候なので、皆さん快適に過ごされています」

コンドミニアムの中庭のベンチに案内され、目の前の真っ青な海を眺めながら、桝谷がそう話した。たしかに芝の緑は瑞々《みずみず》しいのに、空気はさらりとしていてすがすがしい。彼女はハワイの富裕層を相手にビジネスをしているだけあって、アクセサリーや身なりが洗練され、ファッションモデルのような端正な顔立ちをしている。中庭に心地よい海風が吹き、長いストレートヘアーを揺らす。営業トークと知りつつ、彼女の笑顔に引き込まれた。

「日本人の富裕層は新しいもの好きなので、ワイキキに近い物件を好んで買われますが、井上さんはそうではありませんでした。このあたりはホノルルの中心地とは趣が異なります。ゴールドコーストと呼ばれるだけあって、本当のハワイ通が憧れる静かなエリアなんです。夕方になると、海に沈むサンセットを楽しめますし、知る人ぞ知る著名人も長年住んでいらっしゃいます。井上さんの所有しているコンドミニアムには……」

売りに出されている井上の部屋は、撤去した壁を元どおりになおすための修復工事の最中だった。

管理費だけで三〇万円

コンドミニアムといっても、日本ではあまり馴染みがないが、つまるところ米国における共同住宅の呼称だ。日本風にいえば分譲マンションである。もっともハワイのそれは、ひと頃日本の温泉地などに乱立したリゾートマンションよりずっとハイクラスといえる。

井上のコンドミニアムは一九五七年に竣工したという。建物自体はかなり古い。が、何度も修復されているのだろう、外観は老朽化を感じさせない。このあたりのコンドミニアムは、日本のマンションと違い、価値も下がらないという。

かつてハワイのコンドミニアムは、建設会社などの法人が建物全体を所有し、個人がそれぞれの部屋の面積に応じ、会社の株式を購入する販売形式をとっていた。一九六〇年代に入り、今のコンドミニアム制度が合法化されて部屋を直接購入できるようになったという。

「井上さんの部屋は、まだコンドミニアムが合法化される前のコープと呼ばれていた形態の建物で、株式による所有物件となっています。といっても、所有に変わりはありません。しかもお部屋は最上階のペントハウス。だから、お高いのはたしかです。たまたま私がご紹介した関係で、維持・管理も任されています」

白亜の一二階建てビルは、まるで高級ホテルのような造りだ。中庭にはプールが二つあり、プールサイドからそのままビーチに降りることができる。井上の部屋は、青い太平洋を一望できる最上階の一二〇一～一二〇三号室だ。部屋を仲介した桝谷が、次のように部屋の説明をしてくれた。

「実は一二〇一号室は、もともと二つの部屋をつなげたユニットとして販売されており、井上さんはそこを買われました。そのあと一二〇三号室を買い足し、壁を撤去されて自由に行き来できるようにされていました」

現在の価格でいえば、広さ二二〇平米の一二〇一号室が四八八万ドルだというから、五億三七〇〇万円ほどだ。もう一つの一二〇三号室は一二〇平米なので、それを合わせると八億円近くする。これほどの高級物件だと、管理費も馬鹿にならない。

「ハワイでは固定資産税がコンドミニアムの管理費に含まれますので、けっこうします。月々三〇〇〇ドル（三三万円）ほどでしょうか」

松本はヤフーの関係者のなかでただ一人、この井上の〝隠れ家〟に遊びに行った経験がある。

「井上さんの部屋は三つ分なので、ダイヤモンドヘッドのながめとオーシャンビューの両方を存分に味わえる。でも当人はそれでも足りなかったのでしょう。『もう一部屋買えば、最上階のワンフロアーすべてを所有できるんだ』と、いかにも残りの一部屋を欲しがっていました。そこを買う前に亡くなってしまいましたけど」

最上階にある井上以外の部屋は、眼下のカピオラニ公園に面した一二〇四号室だけだ。二〇一七年の井上の死後、一二〇一〜一二〇三号室は遺族によって売りに出された。売り先を探すのも、桝谷の仕事となる。

「小さいほうの一二〇三号室は去年（二〇一八年）の夏に売れましたので、目下、改装工事をしています。でも、一二〇一号室は二部屋分のユニットですから、お高いのでまだ買い手がついていません」

井上はハワイに住み始め、プライベートジェットにも乗るようになる。日本から離れた井上は、最も天国に近い南の楽園の優雅な暮らしを堪能し、この世を去った。

趣味のジェット機

ソフトバンクの孫正義や楽天の三木谷浩史をはじめ、ＩＴ長者の自家用ジェット自慢は、ときおり話題になる。たとえば三木谷の専用ジェットは五〇億円といわれる。二〇一八年にスペインのサッカー選手、アンドレス・イニエスタがJリーグ「ヴィッセル神戸」入りしたとき、三木谷といっしょにプライベートジェットに乗って来日した。最近では日産自動車の元会長、カルロス・ゴーンの国外逃亡でも話題にのぼった。彼らの専用機は、たいてい社業をはじめ必要に応じて使うビジネスジェットである。

だが、井上のそれは違う。井上は自ら飛行機を操縦するため、パイロットの資格まで取ったのだという。

「井上さんは社長在任中、ほとんど専用ジェットを使ったことはありませんでした。たしか乗ったのは一～二回でしょう。それも個人や会社の所有する専用ジェットではなく、スポットで借りて使っただけです」

そう思い起こしてくれたのは、ヤフー・ジャパン元秘書室長の小島涼子である。井上の専用機はいわば趣味のジェット機だ。

「だから免許まで取ったのは、社長をお辞めになられ、ハワイに移ってからです。実際にハワイで免許の講習を受けていました。『(パイロット資格を取得するには)専門用語が多いし、英語が難しいんだよね』とおっしゃっていました。井上さんはビジネスでは通訳もいらないほど英語が堪能でしたが、飛行機の免許を取るとなると、さすがに難しいのでしょうね」

小島がこう記憶をたどった。

「操縦資格を取ってから、初めは小さめの飛行機を買ったのではないでしょうか。それはひょっとしてリースだったかもしれませんが、そのあと大きい飛行機に買い換えたと聞きました。『社長、ご自身で飛行機を操縦なさるんですか』と聞いたら、『免許は取ったんだけど、あれはあんまりよくないよ』と言うのです」

井上はカリフォルニアでクラシックカーイベントがおこなわれた際、ハワイと米国本土を往復するためにプライベートジェットを使っていた。もしかしたら、元秘書の小島に「あれはあんまりよくない」と漏らしたのは、そのときのことを指していたのかもしれない。小島は、井上が社長を退いたあとも連絡を取り合い、日本に戻ってきたときにはいっしょに食事をした。

「大きなジェットだと、俺が操縦しているあいだ、俺以外の皆が後ろで飲んだり食べたりしているんだよ。なのに俺は、ワインも飲めない。それじゃあ、つまんないじゃん」

井上は彼女にそう愚痴った。

「井上さんは『だから大きいジェットはもう操縦しない』と話していました。プライベートジェットでも、大小で積める燃料に差があるので、飛行距離が異なるのでしょう。実際、買い換えたと言っていたので、ハワイから西海岸まで行けるサイズのジェットは持っていらしたと思います。大小の二台持ちをしていたか、そこはわかりませんが……」

前に書いたように、箱根の別荘暮らしに力を入れ始めた井上は、ヤフー・ジャパンの社長の座を後進に譲ろうとしていた。初めに指名したのが、孫と井上とのパイプ役を担った松本である。その松本は井上の後継指名を拒み、自ら新たな会社を起業した。次にヤフー草創期のメンバーである宮坂を選んだ。

二〇一二年六月にヤフー・ジャパンを去った井上は、一五年の箱根山の噴火を機に、ハワイのコンドミニアムに滞在することが多くなる。そうして、それまでインターネットビジネスで多忙を極めてきた暮らしから完全に解放された。少なくとも井上を知る関係者に聞くと、いっさい仕事をしていない。

日本のインターネット産業を切り開いた井上が、自らＩＴ企業の経営から離れようと決心したきっかけは何か。取材を重ねていくと、まるで井上は寝食を忘れて情熱を注いだＩＴビジネスから離れた人生の穴を埋めるため、趣味に没頭していったかのようにも感じた。

第八章
思い知った限界

二〇一二年、宮坂学（中央）への社長交代を発表

退社の理由

井上雅博はなぜヤフーを去ったのか。一九九六年の創業以来、ずっと増収増益を重ね、ヤフー・ジャパンを世界のIT企業に育て上げたあと、いったい何をしたかったのか。

井上がヤフーを辞めた理由について、IT業界では、井上のモバイル対応の遅れを指摘する声が多い。二〇一〇年代に入り、ネット利用者の多くがパソコンではなくスマートフォンを使うようになった。PC世代の井上本人がそこについていけなかったのではないか、という説だ。ソード時代のパソコン草創期からPCオタクとして成功してきた井上にとって、IT業界におけるスマホの台頭は、ことさら大きな意味を持った。それはたしかだろう。

だが、井上は早くからそこも見据えていた。だからこそ、モバイル事業の「PIM」を吸収し、同社を創業した松本真尚をヤフーに迎え入れたのである。松本自身はその後、新たな起業を目指して独立を希望するが、ヤフー・ジャパンには松本とともにPIMを設立した川邊健太郎も残っている。井上は川邊を使いながら、ヤフーでモバイル事業に力を注ぐ選択肢もあったはずである。そのあたりの事情を松本に聞いた。

「スマホはすでに使われていたし、具体的なサービス展開などは、部下に任せればいい。ヤフーにおける井上さん自身の役割は、あくまで経営判断です。それがずっと素晴らしかったからこそ、ヤフーは井上さんの社長退任以降の二〇一六年、一七年まで増収を続けられた。井上さんはやはり天才経営者なのです。だからスマホが社長退任の理由だとは思えない。ほかにあるでしょう」

井上はガラケーの携帯電話を使い、スマホを嫌がって手にしなかったと報じられたこともある。しかし、決してそうではない。とりわけアイフォーンの研究には熱心だった。新製品が発売されたらすぐに買い、すべてのシリーズを使ってきた。もとより単に個人で使うためではなく、ヤフーにおけるモバイル事業を想定した上でのことだ。実のところヤフー・ジャパンはIT企業として生き残る上ですでに根の深い宿題を抱えていたが、かといって井上が社長を務めていた頃に経営問題を露呈していたわけではない。というより、むしろ相変わらず業界の盟主としての地位を保っていた。

改めて繰り返すまでもないが、ヤフー・ジャパンはジェリー・ヤンとデビッド・ファイロという米スタンフォード大の学生が立ち上げたヤフー・インクのコピー企業である。

本家の米ヤフー・インクは一九九〇年代、世界一のIT企業に成長した。だが、二〇〇〇年代に入ると、ネット検索分野でグーグルに押されるようになる。二〇〇〇年代後半から経営難に陥り始め、〇七年六月、それまで創業者として統治してきたジェリー・ヤンが初めて最高経営責任者（CEO）に就き、陣頭指揮をとって経営を立て直そうとした。

しかし、それもうまくいかない。翌〇八年には赤字を抱える羽目になり、ヤフー・インクは一万四〇〇〇人の従業員のうち一割を超える一五二〇人を削減した。と同時に、一一月にはヤンがCEOを辞任し、経営の第一線から退く。

かたや井上の率いるヤフー・ジャパンは、そんなシリコンバレーの元祖IT企業の業績をはるかに凌ぐ世界的企業に成長した。

「ヤフー・ジャパンの朝礼でヤフー・インクの大幅なリストラやヤンのCEO退任を社員に報告

した井上さんは、泣いていました。いつもクールなあの井上さんが、臆面もなく全社員を前にボロボロと涙を流した。社員全員が初めて見た井上さんの涙だと思います」

初期のヤフー社員、滝山ヨーコは当時をそう思い起こし、自らも涙を浮かべた。彼女だけでなく、取材した他のヤフーの関係者も、一様にこのときの井上の涙に驚いたと語る。井上にとって、ヤフー・インクの退潮は、それほどショックな出来事だった。

孫との関係に疲れた

最終的にヤフー・インクは二〇一七年六月、米通信大手「ベライゾン・コミュニケーションズ」に大半の事業を身売りし、社名も「アルタバ」に変えた。今もシリコンバレーの本社屋は残し、ヤフーという名のサイトだけは、細々と運営されているが、ＩＴ企業としては事実上解体されたに等しい。

そんな本国の衰退を尻目に、ヤフー・ジャパンは着々と業績を伸ばした。この間、井上は大胆にも、日本におけるヤフーの検索エンジンをライバルのグーグルに切り替えることまでジェリー・ヤンたち米国の首脳に認めさせた。言葉は適切ではないかもしれないが、それはまるでトヨタが日産のエンジンを使って、新車を開発、発売するようなものではないだろうか。まさしくＩＴ企業としての生き残り策であり、井上は独自の経営判断により、現在のヤフー・ジャパンを築いてきたといえる。

「ヤフーの井上さんとソフトバンクの孫さんは、二重螺旋《らせん》のように絡み合いながら成長し、今のポジションを築きました。孫さんはまさにアントレプレナーという意味での天才で、事業における情熱がすごい。そしてその天才を乗りこなせる井上さんの経営者としてのスキルは、それに匹敵するほど非常に高い」

井上の部下だった松本は、孫と対比しながら、井上の経営手腕についてそう説明してくれた。そして、こうも付け加える。

「なによりヤフーが成長し続けられたのは、孫さんではなく、井上さんのおかげというほかありません。井上さんは日本のヤフーの検索エンジンをグーグルに替え、それでいてジェリー・ヤンをはじめ、米国のヤフーのCEOたち皆からリスペクトされてきました。世界で勝てるビジネスモデルをつくった。それは井上さんの功績であり、今のヤフーは井上さんの遺産で食べている。だからこそ、孫さんも井上さんには強くものを言えなかったのです」

井上がそうして手塩にかけて育ててきたヤフー・ジャパンが、スマホ時代の到来という転機を迎えていた。にもかかわらず、当人はあっさり経営を投げ出してしまう。

「正直に言えば、井上さんはヤフーに飽きたのではないでしょうか」

井上の社長退任理由について先の松本はそうも口にした。その言葉の真意は、ヤフーにおけるソフトバンクの孫正義との関係に疲れたという意味だろう。その一方で、経営の若返りを図ろうとした孫に首を切られたという説も根強く残っている。

孫と同じ一九五七年生まれの井上は二〇一二年、五五歳にしてビジネスの世界から身を引いた。だが社長退任は、少なくとも孫との関係だけが理由ではないように感じる。

間違いなく井上は、五〇歳になった頃から五五歳になるまでの五年のあいだ、社長を退くタイミングをはかってきた。それは、米ヤフー・インクが経営難に陥った二〇〇〇年代後半の時期と重なる。つまり米国事情が井上の進退に大きな影を落としているように思えてならない。

米国の失敗

実は、ヤフー・インクの衰退の原因は、グーグルやフェイスブックといったライバル企業との競合に敗れたからだけではない。たしかに検索エンジンだけをとれば、グーグルのほうが優れていたかもしれない。だが、ヤフーにはインターネット通信の玄関口を意味するポータルサイトとしての強みがあった。

サイトを開けば、ヤフートピックをはじめ、ニュースや天気予報、ファイナンスやエンターテインメントといったカテゴリーごとに分類された情報が掲載され、そこを見るためにユーザーが訪れる。また、掲示板やチャット、電子商取引といったビジネス分野にも事業を広げ、広告一辺倒だった収益の多角化を図っていった。

ポータルサイトは、単に企業に広告を掲載する画面を提供するだけでなく、ユーザーに情報を与えるメディアとしての役割を担う。井上はそのポータルサイトを日本人向けにより一層使い勝手よく仕上げ、ヤフー・ジャパンとして六七〇〇万人という大ユーザーをつかんだ。

もちろんこれもヤフー・インクの物まねにすぎない。しかし、米国のヤフーは消滅し、日本のヤフーは生き残った。なぜか。

そのあたりの事情について、「ヤフー・インクはある種のメディアの落とし穴にはまった」とヤフー・ジャパン草創期のメンバーである初代編集長の影山工が説明してくれた。

「たとえばニュースをネットユーザーに提供する。そのニュースなり、情報を自らがつくろうとすると、ニュース各社と競合してしまいます。そこは井上さんも慎重に考えていた。だから、それまでのヤフーはあくまで情報の便利な紹介、アグリゲーション（集合体）サービスに徹してきたのです」

ソフトバンクがボーダフォンを買収したとき、井上はＮＴＴやａｕとの競合を恐れたが、ニュースを扱う他のメディアとヤフーとの関係はもっと直接的でビジネスの根が近い。影山が続ける。

「ポータルサイトを運営していくうち、自分たちの提供するニュースがこんなに見られているんだ。だったら、われわれでもそれをつくれるんじゃないか、と勘違いしてしまう。人間、その錯覚に陥る局面はあると思います。そこでアメリカのヤフーはブレたんです」

グーグルやフェイスブックに押され、ピンチに陥った米ヤフー・インクは二〇〇〇年代後半に入ると、情報の紹介でなく、情報の発信源になろうとする。その準備としてデータマイニング部を創設した。データマイニングとは、ビッグデータの分析を意味する。現在のＡＩ（人工知能）による種々のデータ解析時代を迎える前段階といえばいいかもしれない。

米ヤフーの目指すところは、単なるデータの解析ではなく、企業としての変身そのものだった。自らの情報を提供するメディアとして新たな道を踏み出そうとした。たとえば動画配信の

「ブロードキャスト・ドット・コム」を買収して情報番組の制作に乗り出した。ある種、別のメディアに転身しようとしたのである。

一口にメディアといっても、その定義についてはさまざまだろう。他社の情報を単純に紹介する事業もメディアには違いないが、ヤフー・インクはそれとは違った独自の情報提供を始めた。手始めが映画や音楽の番組制作だ。

「まずアメリカが力を入れようとしたのが、エンターテインメント分野でした。エンタメ業界の重鎮を事業部長としてヤフー・インクにスカウトし、自分たちで映画やミュージックなどの動画サービスをやり始めたのです」

影山がこう言葉を足した。

「そのためにとうぜん資金を投じなければなりませんが、そこには競合相手が存在します。しかも、相手にはそれなりに蓄積されたノウハウがありますから、なかなか勝てない。それで米国はブレていった。CEOとしてジェリー・ヤンはもとのヤフーに戻そうとしたようですが、戻しきれなかったのではないでしょうか。そのあたりの振幅が、米ヤフーの衰退につながっていると思います」

もっとも、こうした事業展開は、一概に間違いだとも言い切れない。昨今は、オンラインのDVDレンタルから業態転換した「ネットフリックス」の制作するドラマや映画が次々とヒットを飛ばしている。あるいは、本格的なニュースや情報サイトで成功しているケースも数多ある。それだけに井上も迷った。

敗北宣言

インターネットサイトが、他の既存のメディアに代わりうるか。それは今に通じる大きなテーマにほかならない。ヤフーの草創期、井上は自ら雇い入れた若い中途採用社員たちに、繰り返しこう思いのたけを語ってきた。

「インターネットは新聞、テレビ、ラジオの三大メディアに追いつく」

ITを既存のメディアと互角に闘える情報ツールにしたい。それがパソコン、ネットオタクである井上の願いだった。

「地震情報のテロップがテレビに流れるのに、なぜネットにはないんだよ。それは、ネットがメディアとして認められていないからだろ」

井上はそう熱弁し、ヤフー・ジャパンのサイトで災害情報を流すよう部下に指示した。新聞やテレビに匹敵するメディアになるためにどうすればいいか。ポータルサイトを始めたばかりの井上が、具体策を突き詰めて考えていたわけではないかもしれない。むしろ漠然とそう願っただけだろうが、それはある種の夢でもあった。

ヤフー・ジャパンが日本の最大のポータルサイトに急成長した要因の一つとして、しばしば毎日新聞をはじめとした既存の新聞との提携が挙げられる。紙媒体に代わるウェブの事業展開を模索していた新聞は、設立されたばかりのヤフー・ジャパンへ積極的にニュースを配信し、それがヤフーの認知度を高めた。おかげで、ヤフーの事業収入がテレビや新聞などの三大メディアをはるかに凌駕していったのである。

しかし、その収入の主力は広告であり、実態は広告事業にほかならない。決してヤフーが情報発信メディアとして認められたわけではない。テレビや新聞媒体と互角に渡り合うインターネットメディアを目指した井上にとって、米ヤフー・インクの試みは、当人がずっと抱いてきた夢へのチャレンジに感じたのではないか。

「だから井上さんにも迷いはありました。けれど、やはりそれは無理だと判断したのです」

影山はそうつぶやいた。

「井上さんの迷いは、ヤフー・ジャパンでも見られました。この頃、日本のヤフーでも映画に出資して試写会をオンラインで流したり、動画配信のギャオを買収したりしました。そうすると、自然と映画会社との付き合いも始まり、社内がそちらに傾いていった。だが、結果としてみたら、ユーチューブはもとより、ニコニコ動画にも、ＡｂｅｍａＴＶにも勝てていない。だから井上さんはその動きを止めようとしたのです」

米ヤフー・インクがデータマイニング部を創設したとき、ソードの研究所やソフトバンク総研でユーザーのデータ分析に携わってきた経験がある井上には、その分野の技術強化に多少の自信があった。だが、本格的なメディア企業への転身となると、話は別だ。井上にはニュース記事の取材や編集、映画やドラマ制作に関する知見がまったくない。悩んだ末、井上はヤフー・ジャパンの全社員を前にこう宣言する。

「テクノロジーだったら、僕でもまだやっていけるかもしれない。けれど、メディア企業としてやっていく自信はない」

それは夢をあきらめた敗北宣言ともいえた。そして井上はヤフーを去る。

井上流の引き継ぎ

ヤフー・ジャパンの首脳陣は二〇一二年六月一日、株主総会を経て一挙に若返った。社長兼最高経営責任者（CEO）の井上雅博と取締役兼最高財務責任者（CFO）の梶川朗、取締役兼最高執行責任者（COO）の喜多埜裕明が退任し、代わって社長兼CEOに宮坂学、メディア事業統括本部長兼COOに川邊健太郎が就いた。

これまで書いてきたように、後継社長となった宮坂は大阪の小さな編集プロダクション「ユー・ピー・ユー」から九七年にヤフーに転職した。草創期に入社した宮坂は、このときオークションやショッピングといったEコマース、プレミアムやゲームなどのビジネスを統括するコンシューマー事業統括本部長に過ぎない。また川邊はモバイル事業の「PIM」からヤフー入りしたあと、ヤフーが買収した映像配信「ギャオ」の社長を務めてきた。

井上は二人にスマホ時代の新たなITメディアの姿を託そうとしたのではないか。だが、当の宮坂は井上の思いにまったく気付いていなかったようだ。こう話した。

「この時期、ヤフーはスマホに乗り遅れたと言われ、社内に閉塞《へいそく》感が漂っていました。そんなとき孫さんがソフトバンクアカデミアという勉強会を立ち上げたんです。将来の経営者を育てるための企業内学校で、参加者は三〇〇人ほど。あくまでソフトバンクの後継者育成が主眼なので、ヤフーの僕らはあまり興味がありませんでしたが、そのなかで、『ヤフーはどうやったら成長できるか』というお題が持ちあがり、ヤフーから七、八人が参加した。『このままじゃヤフーは駄目だ』とか、そんなプレゼンをしていた一人が僕だったのです」

実は宮坂はこのときヤフーを辞めようとしていたと明かす。

「僕自身にもマンネリ感がありました。それで、二〇一二年の正月明けに直属の上司である喜多埜さんに『辞めさせてもらいます』と申し出たのです。すると、『ミヤ、ライン上の上司は俺だから一応（退社の意思を）預かるけど、それは井上さんに直接言いに行け』と指示されました。ですが、なかなか切り出せない。そうこうするうち、孫さんにとつぜん呼ばれ、『次はおまえがヤフーの社長をやることになった』と伝えられたのです」

宮坂は驚くというより、戸惑った。それを見ていた孫は言った。

「おまえは幸せだよ。皆が次の社長はおまえしかいないと言うんだから」

宮坂自身が社長を引き受けた経緯について、さらに詳しく話してくれた。

「僕にあの井上さんの代わりが務まるわけがない。誰がそんなことを言っているのか、そのときはわかりませんでした。でもそう言われるとなかなか断れないでしょ。それで、孫さんに『三年は頑張ろうと思いますが、一年一年、自分が続けていいのかどうか、孫さんが判断してください』と返事をしたのです」

次期社長について、誰もが宮坂しかいないと孫が言ったというが、実は社長人事を孫に進言したのが、井上である。実際、井上は孫が宮坂に打診する前に、「これ、いい人事だろう」と後継体制の人事案を親しい取引先企業の社長に披露している。しかし、宮坂はそのことを知らない。

「孫さんのあとに井上さんの部屋に呼ばれ、『次、おまえだからね』とは言われました。今でもよく覚えているんですけど、そのとき井上さんが涙ぐんでいたんです。涙の意味がもっとやりたい、という未練だったのかどうか、それはわかりません。このときの涙は、僕だけしか見ていないかもしれません。井上さんの涙は二度目でした」

一度目の涙は、井上が社員を前に米ヤフー・インクの大リストラを報告したときの朝礼だ。

「僕はその二回目の涙を見て、どえらいものを受け取ったと思いました。だから、本当にベストを尽くそうと決意しました」

宮坂はそう言った。ヤフー・ジャパンではこの年の三月一日、井上の社長退任会見をおこなった。そこから井上は一度も出社しなくなる。

「二月に社長就任を伝えられ、会見までひと月もありませんでした。会見当日、井上さんは『俺はもう明日から会社に来ねえから、四月一日の幹部人事はおまえがやれっ』と本当に出社しなくなったんです。

社長の引き継ぎ期間もまったくない。その引き継ぎのやり方は井上さんだけでなく、梶川さん、喜多埜さんもいっしょでした。日本のインターネット産業をつくったトリオがある日とつぜん会社からいなくなってしまいました。井上さんはただひと言、『おまえが思い通りの経営チームを組んだらいい』とおっしゃられて……」

「全部壊せ」という真意

これも井上流なのかもしれないが、宮坂にしてみたらたまらない。三人の執行部が一度に辞めるのだから、幹部人事も大幅に変わる。急遽《きゅうきょ》人事案を練り、退社目前の井上のところに持っていったが、それを見た井上は首をひねりながら、しばらく押し黙ったままだった。

「何か注文があるなら言ってくださいよ」

沈黙のあと宮坂が思わず尋ねると、井上がぼそりと言った。

「やっぱり言うの、や〜めた。もし俺が助言すると、おまえはそれを受け入れて人事を書き換えるだろ。そして半年後か一年後、うまくいかなかったら井上のせいだと思う。その言い訳ができないよう、俺は何も言わない」

社長の退任発表からひと月半後の四月二四日、ヤフーの決算会見がおこなわれたが、そこにはすでに井上の姿はなかった。

「決算発表までには広告主やカスタマーサポート、財務部門などすべてを頭に入れて臨まなければなりません。それを受験勉強並みに泥縄式に叩き込みました。何のアドバイスもなく、経営に放り込まれたようなもんですが、今となってはそれがよかった。仮に決算発表で井上さんが隣の席にいたら、覚悟ができない。だからあれは、本当に素晴らしい引き継ぎだったと思います。よく前経営者の院政問題が取り沙汰されますが、これだとありえない。だから僕が川邊に社長を任せたときも同じようにしました」

宮坂もまた二〇一八年一月、唐突に代表権のない会長に退くことを発表し、後任社長として川邊健太郎を指名した。と同時に、本人は会社の近くにオフィスを借り、ヤフーに出社しなくなる。

そして一九年六月、ヤフー会長も退任し、九月には小池百合子に請われて東京都の副知事に就任する。その宮坂は、井上のことを単なるベンチャーの起業家ではなく、インターネット産業を生み出した「産業家」だと表現する。

「俺がつくったものは全部壊せ」

井上は宮坂たちにそう言い残してヤフーを去った。それは、ヤフーのメディア企業への転身を意味していたのか。宮坂たちは、今も真意をはかりかねている。

果たして日本のＩＴ企業が新聞やテレビ、出版に匹敵するメディアに成長できるのか。少なくとも井上は米ヤフー・インクの失敗を見て、自分自身にはそれができない、と己の限界を悟ったのだろう。そこから趣味の世界に没頭するようになっていく。

豪勢な別荘建設や高級ワインの収集、欧州の貴族や富豪が集うクラシックカーレースへの出場、プライベートジェットの操縦にいたるまで、本人は趣味に惜しげもなく、これ以上ないほど私財を投じてきた。それは、せめて趣味の世界で本物を極めようとしたからではないだろうか。

貴族のルール

井上が最も入れあげたクラシックカーの世界には、名だたるコレクターたちのインナーサークルが存在する。新参者はそこになかなか入れない。

「なぜ貴族がクラシックカーを集めるのか、それには理由があるのです」

井上の車仲間である入川秀人が次のような興味深い話をしてくれた。

「たとえば一億円でクラシックカーを買ったとします。そのメンテナンス料が年間一〇〇〇万円ほどかかる。すると一〇年間で一億円。しかしその頃には、車の相場が五億円になっているので損はない。そこからさらに一〇年経つと、一〇億円になる。

とりわけ戦前に製造された車は、年々価値が上がります。そのクラシックカーは限られた人しか取引できないから、市場の相場さえありません。貴族や大富豪が欲しがる理由の一つがそれなのです」

クラシックカーコレクションにおける日本の第一人者の一人である秋本によれば、メンテナンス料が年間一〇〇〇万円かかるのは、大きな故障を直したときくらいで、普段はそれほどかからないという。が、年代物のヴィンテージカーになればなるほど、値段が上がるのは事実だともいう。相場も決まったルールがあるわけではなく、説明できないそうだ。

通常、不動産や貴金属の資産だと、路線価や埋蔵量に応じた市場評価が定まっている。一方、クラシックカーの場合は、インナーサークルで取り引きされるだけに、鑑定評価が難しい。そこで、欧州貴族や大富豪たちがクラシックカー収集を蓄財術として利用してきた面はたしかにある。加えて、あるクラシックカーマニアがこう説明してくれた。

「貴族たちのあいだで取り引きされてきただけですから、国税当局でさえクラシックカーの相場はわからない。ときおり相続のとき、いくらの価値でどのくらい課税すればいいか問題になります。そのときいちばんいいのは、国税局の人に価値を査定してもらい、それに応じた税金を払うこと。そうすれば問題になりません。でも、実際の価値はそれより桁外れに高い場合が少なくない。だから、世界の富豪たちは車好きなのです」

井上自身は単純に車好きが嵩じただけかもしれない。が、コレクターのインナーサークルに入るためには、それなりの〝資格〟が必要になる。

「世界のコレクターは個人個人でつながっていて、どの車を誰が所有しているか、情報が入る。そのネットワークの中で、どの車を誰がいくらで欲しがっているか、それがおおよそわかる。で、所有者が『もうそろそろ、どうでしょうか』とオークション会社に誘われ、愛車を出品するわけです」

入川がそう明かす。

「そんな世界のコレクターにとって大事なのが、レースに出ること。それがイタリアやカリフォルニアのミッレ・ミリアであり、ル・マン・クラシックやラリー・モンテカルロ・ヒストリック。レースに出られる車を持っていないと、コレクターの世界には入れません。車に価値があれば、そういうレースに出られるんですが、それをいかにして所有するか……」

成金がいくら金を積んでも、コレクターのインナーサークルに認められなければ、由緒あるクラシックカーを買うことすらできないのだという。

「そういう貴族の人たちと付き合うには、コレクターの集まりに来たときの所作や作法をちゃんとわきまえてないといけません。毎年八月にカリフォルニアのペブルビーチでコンテストが開かれます。そこにやって来る人たちが、まさにそういう方々なのです」

全米オープンゴルフの開催される名門「ペブルビーチゴルフリンクス」が、そのコンテストの会場となる。私は「２０１９ペブルビーチ・コンクール・デレガンス」に取材の足を進めた。

第九章
趣味人として

二〇一九年の「ペブルビーチ・コンクール・デレガンス」の模様

フォーマルな趣味の道

世界中のゴルフファンが憧れる米カリフォルニア州のペブルビーチゴルフリンクスは、折しも開業一〇〇年を迎えていた。節目の二〇一九年六月に開催された全米オープンゴルフは、新鋭のゲーリー・ウッドランドが最終ホールで優勝パットを決め、幕を閉じた。

その一八番ホールに現代の富豪たちが集結したのは、全米オープン二ヵ月後の八月一八日である。彼らの目当てはゴルフではない。「2019ペブルビーチ・コンクール・デレガンス」だ。

太平洋に面して弧を描く一八番のフェアウェイに、ざっと二〇〇台の名車がところ狭しと並んだ。そのクラシックカーコンテストは、壮観という以外に言葉が見当たらなかった。

ペブルビーチゴルフについてはバブル最盛期の一九九〇年、日本のパチンコ業者、熊取谷《いすたに》稔《みのる》が八億四〇〇〇万ドルで買収して話題になったこともある。それからおよそ三〇年後に開かれた優に一〇〇〇人を超える一九年のコンテストには、日本人はおろかアジア系の入場客もあまり見かけなかった。

秋本康彦は、そんなペブルビーチ・コンクール・デレガンスに毎年招待されている日本屈指のクラシックカーマニアである。この世界の作法を井上に手ほどきした好士だ。この年のコンテストにも招かれていると聞き、秋本を会場で探すと、運よく会えた。西海岸のまぶしい日差しを浴びながら秋本と談笑していると、通りがかりのイタリア人が声をかけてくる。

「オー、ミスターアキモト、ミスターイノウエはどうしている？」

井上もまたペブルビーチの有名人になっていたようだ。

高校時代からレコードを聴き、大学時代に車に興味を抱いた井上にとって、これまでの楽しみは、あくまで日常生活や仕事の合間の遊びに過ぎない。ヤフーを辞めた井上は、そこから流儀や格式を問われるフォーマルな趣味の道に分け入ろうとした。誰もが一目置く一級の趣味人を目指したともいえる。クラシックカーの秋本のように、それぞれの道楽には異なる道案内人が存在した。かつて井上のレコード収集と管理を担ったのが、中古レコード店を営んでいた山海弘道(仮名)である。その付き合いは単なる店主と客の関係から始まったという。

「二〇〇八年頃、僕が(東京都)立川に店を開いて『アナログ』という音楽雑誌に広告を出し、そこへ井上さんの注文メールが入ったのです。注文はジャズ関連のレコードをランダムに五〇枚くらい。『そんなに買ってくれるなら、送料は結構です』とメールと電話で返事すると、本人から連絡があって取引が始まりました。井上さんは一度も店に足を運んだことがありません。電話で『僕のレコード収集の担当をやらないか』と依頼があっただけです」

山海は竣工して間もない箱根の別荘に呼ばれるようになる。

「箱根のオーディオルームに行くと、井上さんが聴いたレコードが乱雑に積み重なっているんですよね。ジャズだけでなく、いろんなものがありました。ビートルズのイギリス盤が一三枚、米ウッドストックコンサート関係も好きだったみたいで、『コレクターが亡くなって、出モノがあったので買った』と話していました。演歌こそ持ってなかったけど、邦楽レコードもけっこうありました。井上さん自身がフォーク全盛の世代なので、陽水や女性シンガーソングライターのレコードは多かった。拓郎はなかったけど」

箱根の別荘には、音響設備の整った豪華なオーディオルームを備え、当人はそれが自慢だった。だが、肝心のレコード収集にさほど凝っていたわけではない。むしろいい加減だった、と山海がこう続ける。

「他の趣味のことは知らないけど、最初の頃、レコードは大したコレクションではありませんでした。そのときの気分でレコードを聴いて、ぜんぜん整理ができていない。レコード店でも、ジャンルごとに分類されているでしょう。コレクションは整理が大事なのです。たとえばジャズなら（トランペッターの）マイルス・デイビスは息が長いからレコードも膨大で、散らばると整理がつかない。だからまず、ＡＢＣやあいうえお順に棚をつくって部屋を整理しました。そのうえで、レコード文化としてこれとこれはコレクションに入れたほうがいい、とアドバイスしていきました」

スターリンの愛車

山海は井上コレクションのため、海外へもレコードの買い付けに出かけた。ときおりその訪米に付き合っていたのが、レコード販売「ＴＯＰＳ」社長の渡辺由己だ。

「国内で流通している品物だけでは足りませんから、アメリカで買う必要があったわけです。集めるレコードはモダンジャズが中心で、すべてオリジナル盤。しかも井上さんは『モノラル録音、ステレオ録音の両方が欲しい。後の世に残せるよう、現存するすべてのオリジナル盤を集めたい』と、なんとも壮大な計画を立てていました。計画は、一生かかってもコレクションできないほど膨大な量になりました」

むろん山海たちといっしょに行った海外への渡航費用は井上が負担した。渡辺がこう説明を加える。

「井上さんは金に糸目をつけません。実際に山海にどの程度の額を支払っていたかは分かりませんが、井上さんの分だけで彼の店はひと月数十万円の売り上げになっていたようです。海外の買い付けで行く先は西海岸が主で、サンフランシスコやシアトルには何度も足を運びました。カナダのバンクーバーにまで足を伸ばしたこともあります。店舗だけでなく、定期的に開催されるフリーマーケット期間に合わせ、井上さんの求める品物を買い付けていました」

井上は二人の手を借り、オーディオルームの体裁を整えていった。渡辺も箱根の別荘に招かれ、あまりの豪華さに目をむいたという。

「両脇の棚に飾ってある数え切れないほどのミニカーを眺めながら、母屋からつながっている地下廊下を歩くと、小さな体育館のようなガレージに出ました。そこにはピカピカのクラシックカーが並べられていて、眩しいほどでした」

渡辺や山海はレコード収集についてはプロだが、クラシックカーはまったくの門外漢だ。

「このなかで、どの車がいちばん高いんですか？」

渡辺が磨き抜かれた一台の真っ赤なクラシックカーに手を添え、井上にそう尋ねたことがあった。すると、井上が即答した。

「触っているそれだよ、それ。ソ連のスターリンが失脚したあと、彼の隠し部屋から見つかった逸品で、三億円もしたんだ」

渡辺が別荘の光景を思い起こしながら語った。

「箱根の別荘にはエレベータが二基あって、一つは二階と一階の移動用、もう一つは地下のワイン倉庫専用でした。ワインセラーでワインを取り出し、飲みながらクラシックカーを眺める。まさに道楽の極致ですよね。山海をはじめそれぞれの趣味の担当者は、そのぶん皆大変そうでしたけど」

クラシックカーのコレクションは、レコード収集よりはるかに手続きが面倒で、手間がかかる。秋本のようなコレクション指南とは別に、エンジンの調整を担うメカニックも欠かせない。井上の愛車の管理を担ったのが、「小林モーターズ」社長の小林圭である。出会いは箱根の別荘建設を計画していた〇五年前後までさかのぼるという。

「井上さんは（静岡県）御殿場のあるコレクターから一台目の車を購入しています。それが排気量三・五リッターのクリーム色のジャガーＳＳ１００。井上さんにとって初めてのクラシックカーだったようです。たまたまもとの持ち主が私の親父の仕事相手でした。父がその方から整備を任されていて、井上さんと付き合いが始まりました。井上さんにはまだ特定の整備担当者がついていなかったので、親父がメカニックを引き受けることになりました」

メカニックの留学

小林自身は一八歳のときに整備士となり、父親のあとを継ぐべく、技術を磨いてきた。職人にありがちな口数の少ないタイプだ。

「エンジンの調子を見るためには、車を走らせなければなりません。しかし、クラシックカーは輸入した段階で、すでにかなり経年劣化が進んでいることが多い。そこで私たちは、ボディからエンジンにいたるすべてをいったんバラ（解体）し、一つ一つの部品を清掃して組み立て直します。組み立てるにも、現代の車ではありませんから、誰にも相談できないケースが少なくありません。それを元どおりに修復するため、足りない部品を海外から調達する。もし部品がなければ、自分たちでそれをつくることまであります」

箱根の別荘で井上のジャガーＳＳ１００のメカニカル調整をあずかっておよそ二年後、小林の父親が急逝する。その頃になると、井上のコレクションもかなり増えていた。だが、小林自身はまだまだメカニックとして独り立ちできるほどの腕には到達していなかった。荷が重く感じた小林は、井上に専属メカニックの契約打ち切りを申し出た。クラシックカーのエンジン調整はそれほど神経を使うのだという。

「僕はまだまだ一人前ではありませんでした。だから、父に代わる別の整備士を井上さんに紹介しようとしたのです。すると井上さんから、想像もできないありがたい言葉をいただきました。『今、レストア中の僕の車をアメリカに預けてあるんだよ。向こうでしばらく勉強してくればどうかな？』と」

レストアとは文字どおり、古い車体を復元する作業のことだ。井上は、クラシックカーの師である秋本から米国のクラシックカーディーラーを紹介され、自らのコレクションのうち、何台かのレストアをその系列の工場に頼んでいた。

「アメリカでメカニックの本格的な勉強をしてこいよ」

井上は若い小林にそう提案し、米国滞在費用も井上が負担した。むろん小林にとっては、願ったり叶ったりである。今もその恩を忘れていない。

「それでアメリカの工場に三ヵ月ずつ二回、合計半年間も滞在し、勉強させてもらいました。レストア工場では、それまで見たこともない技術を目の当たりにできた。そういう機会や経験を与えてくれた井上さんには、感謝の気持ち以外にありません」

帰国した小林は、箱根の別荘にある一二台の井上の愛車すべてを一人で整備するようになる。ときには別荘のまわりの公道を走らせてエンジンの調子を見てきた。

「井上さんは整備を見るためにガレージに来ることがほとんどありませんでした。いつも『今度、あれに乗るからよろしくね』と依頼されるだけ。僕は井上さんが別荘の周囲を走るための調整をしました。クラシックカーはアクセルとブレーキの位置が今と反対の車もありますし、たいていハンドル操作が重い。ブレーキは現代のような油圧ではなく、ワイヤー式だったりするので、運転も整備も難しいのです」

小林の印象では、井上が最も気に入って乗っていたのが、最初に手に入れたジャガーだという。クセのあるクラシックカーのなかでも、比較的運転がやさしく、ブレーキやハンドル操作もやりやすかったようである。

ただし、小林が井上のクラシックカーに関わっていたのは、箱根の別荘に愛車を置いていた頃までだ。箱根山の噴火を機に別荘の売却を計画した井上は、小林の管理してきた車を米国に移していった。一二台も所有していたが、井上はそこからコレクションをさらに増やそうとしていたという。

「車の売買については、担当者が別にいましたので、僕は一切関わっていません。したがってどんな車をどこからいくらで購入したか、といった類いの話は知りません。井上さんは一〇台以上を所有していましたが、僕が担当している頃は、コレクターとしてまだまだこれから、という状態だった。この先もっとお金をかけ、好きな車を集めていこうとされていました。いつだったか、日時の正確な記憶はありませんが、井上さんはあるとき『世界に何台もないような車を次の世代に残したい』と言っていました」

メカニックの小林は、言葉少なにそう語った。そしてこう呟いて目を伏せた。

「事故を聞いたときは頭の中が真っ白になりました。乗っていた車があのジャガーだったとは」

カルチャーショック

クラシックカーの世界の奥深さに触れた井上は、コレクターとしての道を究めようとする。そのために活動の場を箱根の別荘から米国に移す。カリフォルニアに運んだ一〇台を超える愛車のなかでも、とりわけ初めて買い求めたジャガーSS100には心を寄せてきた。そのジャガーSSの持ち主は、イタリア系アパレルメーカーの日本人経営者で、御殿場のガレージで車を管理してきたという。

「その方も有名なコレクターで、アメリカのペブルビーチ（コンテスト）などでも、毎年のように顔を合わせていました。僕自身はジャガーの売買にはタッチしていませんが、井上さんがジャガーSSを買い、小林モーターズで整備することになり、僕も小林モーターズとは付き合いがありましたから、井上さんのコレクションにかかわるようになったのです」

井上を究極の車道楽に引き入れた秋本が、出会った頃の井上の印象を改めて述懐する。

「二〇〇四年から〇五年にかけての頃だったと思います。『箱根のガレージに納める車を売ってくれないか』と赤尾（嘉一）さんに頼まれ、御殿場のガレージで井上さんとお会いしました。当時、僕は三五台ほどクラシックカーを持っていて、そのうちの二台を御殿場でメンテナンスしていました。最初はそれを譲ってもらえないかという話でした。そのときは『単にお金があるから車を集めたいというのなら、やめておいたほうがいいよ』と突き放した覚えがあります。でも、そのうち井上さんがだんだん本気になってきたのがわかった。それで本格的に車のお世話をするようになったんです」

秋本は小林モーターズの先代社長だった父親の死後、整備を引き継いだ息子の小林圭をハウスメカ（専属メカニック）として育てようと、米ブラックホーク系列の整備会社を紹介し、井上とともに送り出した。ブラックホークは、クラシックカーマニアなら知らぬ者がないほどの米国の大手ディーラーである。秋本はその得意客だった。

一方、井上本人はといえば、〇五年八月、秋本に連れられてブラックホークのあるカリフォルニアに出かけた。目当ては、毎年八月に西海岸のモントレーで催されるクラシックカーの祭典

「モントレー・カー・ウィーク」だ。まさに街を挙げた一種のお祭り騒ぎとなる。その一週間のメインイベントが、第三日曜日にモントレー郊外の名門ゴルフ場で開催される「ペブルビーチ・コンクール・デレガンス」である。そこには世界中から選りすぐられた二〇〇台の名車が並ぶ。

「八月のこの週になると、米国や欧州の富裕層がモントレーに集まります。そのせいでこの期間は、まず市内のホテルの予約ができません。しかも、彼らのお付きの車もたくさん走るので道路は渋滞し、身動きが取れなくなってしまいます」

秋本は毎年通っているだけに、モントレー事情にもすこぶる詳しい。初めて井上を誘って出かけたときの様子を話してくれた。

「五月に井上さんを誘うと、『(ヤフー・インクの)ジェリー・ヤンに頼んでホテルを予約してもらおう』と言っていました。でも、やはり予約をとれませんでした。仕方ないので、いつものように僕の友人であるブラックホークのボスに予約を頼んだ。そうして向こうに着いて、『この人にホテルをとってもらいましたよ』と井上さんにドナルド・ウィリアムズを紹介しました。井上さんは口にこそ出さなかったけれど、相当なカルチャーショックを受けたようでした」

子供のように欲しがった

この時期、モントレーではコンテスト前日までいたるところでヴィンテージカーのオークションや展示会が開かれる。コレクターたちはそこで欲しい車が見つかれば、オークション会社やカーディーラーとの交渉に入る。井上は初めて目にしたそんな車の祭典で、いきなり大きな買い物をした。

「井上さんを連れていった最初のときは、二日ぐらいしか滞在しませんでした。ブラックホークが二〇台ほど展示会に出品していて、井上さんが熱心に見ている。で、帰り際、『秋本さん、僕、これを買うよ』と言いだしたのです。『いや今回は見に来ただけだから、やめとこう』と止めたのですが、『秋本さんの顔を立てなければならないしね』と結局、ポルシェ904を買いました。たしか一九六四年か六五年の戦後の製造でしたが、スペイン王室が所有してきた非常に歴史ある車でした。たまたまそこにいたポルシェクラブ（オーナー親睦会）の友人に聞くと、いい車だというので、井上さんも乗り気になった。それがアメリカで買った第一号車です」

クラシックカーは製造年により、第二次世界大戦の前と後で価値が分かれる。そしてほかにもう一つ価値を決める要素が所有者の履歴だ。ポルシェ904は戦後二〇年を経た車だったが、欧州の王室が大事にしてきたため、値打ちがある。そのシルバーボディにモスグリーンのシートは、クラシックカーというより、レーシング仕様車に近いスレンダーなボディをしている。井上はこのポルシェを日本に輸送して車検を通したが、ほとんど公道を走ることはなかったという。

モントレーデビューにもかかわらず、井上はほかにも目を留めた。秋本が続ける。

「それが、出品車のなかでもスペシャルポジションにあったアストンマーティンDB4GTザガートでした。井上さんは車の前で足を止め、ずいぶん気に入ったみたいでした。ザガートというボディ製造会社の車で、レーシンググリーン（深緑色の一種）のメタリック。これもぜひ乗りたい、とおっしゃって即決しました」

また別の機会にモントレーで買った井上コレクションには、ＢＭＷ３２８ＭＭという珍品もある。これも秋本のガイドで購入している。

「ＢＭＷ３２８ＭＭは、ミッレ・ミリアのプロトタイプ（試作車）、つまりオリジナルです。文字どおり、もとはミッレ・ミリアレースで走った車でした。従来のレースカーはそのあと単なる中古品扱いになる。だが、クラシックカーは別。マーケットに出てきてグルグル取り引きされるうち、価値がついていきます。その一つがこの車であり、ブラックホーク・ミュージアムに納められていました」

もとはといえばブラックホークは、建売住宅のセールスマンだったケネス・ベーリングと自動車ブローカーのドナルド（ドン）・ウィリアムズのコンビが、中古車オークションを始め、莫大な財をなした会社だ。地元にクラシックカーの博物館まで建て、世界の名車を展示している。

秋本はホテルの予約を依頼するほど、ブラックホークのドンと親しい。

「ドンとは、もう三〇年を超える付き合いですからね。向こうに行けば、近くのホテルに泊まって、ドンといっしょにゴルフをしています。で、いつしか井上さんもゴルフ場について来て、彼にキャディをやってもらうようになりました。井上さんはゴルフをやらないけど、ゴルフカートを運転し、けっこう楽しんでいてぜんぜん嫌がらない。向こうのスタッフは『秋本さんぐらいですよ、井上さんをキャディとして使えるのは』と笑っていましたけどね」

そうして井上も、この世界に溶け込んでいった。秋本がこう言葉を継ぐ。

「井上さんをオークションやコンテストにお連れする中で、よくブラックホーク・ミュージアムにも行きました。そこでまた、ＢＭＷ３２８ＭＭが気に入ったんだね」
ＢＭＷ３２８ＭＭは、ブラックホーク・ミュージアムの中でもひときわライトアップされ、ターンテーブルに飾られてきた。世界に一台しかない門外不出の車である。井上はまるで子供のようにこれも欲しがった。

「井上さんに『ほんとに買いたいの？』と聞いたら、どうしても欲しいと言う。価格を交渉してほしいとも言うので、『それ（価格交渉）をやったら、取引が終わりだよ（できなくなる）』と伝えたうえで、仕方なく僕はドンと交渉しました。でも、ドンはやっぱり渋い顔をして結論が出ませんでした」

ディーラーであるブラックホークといえども、ＢＭＷ３２８ＭＭはなかなか手放しそうになかったという。秋本が懐かしそうに思い起こした。

「それで、井上さんには『ドンには一応話をしたけど、どうなるかわからないよ』と報告しました。『ひょっとすると、明日とつぜんＯＫが出るかもしれないけど、二年後、三年後かもしれないし、一〇年後になるかもしれない』とアドバイスしました。すると三年ほどして米国からＯＫのメールが届いた。井上さんはものすごく喜んでいました」

ＢＭＷ３２８ＭＭはドイツのクラシックカーミュージアムにレプリカが展示されており、そこが井上の話の前からオリジナル車の購入を要望していたという。そのせいもあり、井上が手に入れるまでに時間がかかったようだ。ちなみに〝スターリンの愛車〟について、秋本に尋ねてみた。レコード業者の渡辺由己が、箱根の別荘に招かれたとき井上がソ連のスターリンの隠し部屋から発見された車を自慢していた、というエピソードを伝えると、秋本は破顔して首を傾げる。

「古い車には、その手の尾ひれがよくつくんです。たとえば毛沢東が乗っていたベンツだとか、いろいろな話が出てきますけど、調べるとたいてい違う。スターリンの車は聞いたことがないなあ」

そう説明しながら、思いあたったようにこう言った。

「ああ、ロシアで発掘された車といえば、井上さんがブラックホークのセールで買ったのがあります。メルセデス製ペイシリーズ500Kルシアンロードスターといい、これも世界で一台しかない。相当古い戦前車です。ペブルビーチのコンテストに出したこともあります。最優秀のベスト・オブ・ショーは逃しましたけど、なにがしかのアワード（賞）はもらいました」

いったい井上はこれらの名車をいくらで買ったのか。そこについて、秋本にしつこく尋ねたが、いっさい答えない。

「僕は、（資産の査定や処理に）タッチしていませんから、わかりませんよ」

秋本はそう手を振る。クラシックカーの世界では、値段を明かすのはタブーになっている。

富が富を生む世界

フランスの高級ワインと同じように、この手のヴィンテージカーは、歳月に応じて驚くほど価値が高騰する。富裕層はそれがわかっているからこそ、古い車を欲しがるわけだ。

恒例のペブルビーチ・コンクール・デレガンスには、現代の車を出展できない決まりになっている。戦前に製造された古く貴重な車ばかりがズラリと並んでいる。それらの車は、モントレー・カー・ウィークで開かれるようなオークションや展示会、コンテストに出品されないと値がつかない。そこで競り合う以外にないのである。

実際にそれらの名車は目をむくような値段になる。井上はそんな高級車を一〇台以上も所有してきた。いったい井上の資産は、どのくらいの価値になっているのだろうか。

むろん情報元は明かせないが、取材で得た証言を総合すると、井上のトータルの買値は二五ミリオンドル（二八億円弱）ほどのようだ。強いて内訳の一部を記せば、最初に衝動買いしたポルシェ904の落札価格が五〇万ドル（五五〇〇万円）で、アストンマーティンが三ミリオンドル、三億三〇〇〇万円近い買い物だ。なかでも井上はアストンマーティンが気に入り、メンテナンスし直して一年ほど日本で乗っていた時期もある。一年後、もとのオーナーから買い戻したいと連絡が入り、四ミリオンドル、四億四〇〇〇万円で売ったという。買い戻し特約とは名称どおり、もとの持ち主が一定期間経ったあとに買う権利を指す。買い戻し特約付きの車は、その分安く買えるが、もとの持ち主が買い戻すときには逆に値が上がる。下衆《げす》な話だが、井上は一年も名車に乗ったうえ、一億円も儲けた計算になる。

スターリンの愛車だと井上が自慢したルシアンロードスターは、前に書いたような三億円どころではない。売り出された最初の価格が一〇ミリオン。これも買い戻し特約が付いていたため、実際の販売価格はそれよりやや下がり、八ミリオンドル（九億円弱）前後だったとみられる。また、ドイツのクラシックカーミュージアムと張り合った末に購入したBMW328MMは、競り合う相手がいただけに三億円台の半ば、とこれもかなり高額である。

概してクラシックカーの資産価値は保有する年月が経つにつれ、予想される含み価格が加わる。井上のコレクションは世界に一台しかない戦前車もあり、トータルすると簿価の二倍程度になっているのではないか、と推測される。つまり、仮にこれらの名車を持ち続けていれば、現在価値にしてざっと六〇億円近い計算になる。

井上は箱根の別荘で管理していた頃から、「ラ・フェスタ・ミッレ・ミリア」など日本国内のクラシックカーレースには参加しなかった。ひとえにそれは、高額な愛車が目立つのを嫌ったからかもしれない。

ゴルフ場を自前のレース場に

井上はクラシックカーコレクションの指南役である秋本を実の兄のように慕ってきた。実父が他界したときにも、秋本にはいの一番に連絡があったという。

「僕なんかではなく会社の方だとか、まわりの方々に知らせているんだろうと思ったのですが、訃報は僕が初めだと言っていました。まだ井上家のお墓がなかったみたいで、彼は『お墓をどこにすればいいでしょうか』と聞く。それで、上野の寛永寺を薦めました。『将来、あなたも入るんだから、それくらい由緒ある墓のほうがいい』と言った覚えがあります」

秋本はこんな話までした。

「彼は人前に出ることを避け、日本のレースには参加しませんでした。それで僕は、『それなら、いっそのこと日本のゴルフ場を買っちゃえよ』と提案しました。本当にそれをやろうとし、ゴルフ場をつくり替えてレースをやろう、という計画まで立てていました」

世界の名車を買い漁った井上は、それに乗りたくてうずうずしていた。しかし、ヤフー・ジャパンの元社長が日本国内のレースに出場すると、どうしても話題になる。そこで自前のレース場をつくってしまおうと考えたそうだ。

東日本大震災に見舞われた二〇一一年以降、東北を中心に国内のゴルフ場が経営に行き詰まり、次々と売りに出された。値崩れしたゴルフ場を手に入れてはどうか。秋本はそう提案した。

「彼は元自動車部だから運転に自信があるわけです。とくにタイヤをスライドさせながら走るドリフト走行をやりたがっていました。ダート（未舗装の道のこと）ではやったことがあるらしいけど、コンクリートの路面でそれをやりたい、と」

プライベートのレース場という現実離れした話をする割に、秋本の口調は実に穏やかだ。

「日本でも自前のレース場を持っている人が一人います。そうすれば日本国内でもナンバープレートを付けずに走れますからね」

こうも言った。

「海外では個人でクラシックカーのレース場を持っている人がけっこういます。たとえばカリフォルニアのワイナリーの中にレース場を持っていて、そこでレースを楽しんだり。まあ、車の世界にはそんな桁違いの人が大勢いるのです」

プライベートのレース場建設は実現しなかった。その代わり、井上は世界の富豪が集う名車の祭典に情熱を傾けるようになる。それが、先のカーコンテスト「ペブルビーチ・コンクール・デレガンス」である。井上はカリフォルニアの西海岸で催されるクラシックカーのイベントがいたく気に入り、一六〇〇キロを走行する四月の一〇〇〇マイルレース「ミッレ・ミリア」にも参加した。秋本はペブルビーチのコンテストや車の買い付けだけでなく、カリフォルニアのミッレ・ミリアレースにもずっと付き合ってきた。

「クラシックカーコンテストの有名どころでいえば、イタリア北部のコモ湖にあるホテル『ヴィラ・デステ』とペブルビーチのイベントがあります。ヴィラ・デステは古くはルイ・ヴィトンの創業家が主催していた冠イベントです。井上さんは初めそうした欧州のイベントにも興味を示していたけど、米国のほうが気に入ったみたいでした」

カリフォルニア西海岸のペブルビーチゴルフリンクスで開かれるクラシックカーコンテストは、単に愛車を飾るだけではない。車を出展するには、エンジンがかかり、長い距離を走れることが前提となる。井上は一九一〇年代から三七年まで存在した自慢の米戦前車「デューセンバーグ」でペブルビーチ・コンクール・デレガンスに参戦した。

「ペブルビーチのコンテストでは、まずツール・デレガンスというプレ審査を経なければなりません。モントレー半島の港町やカーメルの街中を自走する。そのツアーを終えるとグリーンリボンがもらえ、本審査に入れる。われわれはデューセンバーグをメンテナンスし、ペブルビーチまでトラックで運び、それからほぼまる一日モントレー市街を乗りました」

秋本が在りし日の井上を偲ぶ。

「そうそう、あのときは（ヤフー・インク創業者の）ジェリー・ヤンも奥さんを連れてきていました。奥さんはたしかクリスチャンの晶子さん。面白かったのは、居酒屋に立ち寄ったときでした。ご飯を食べたあとお勘定の段になって、井上さんが『秋本さん、僕、現金を持っていないから出しといて』と言い出したのです。勘定に一〇〇ドルと書かれてあったのを一〇〇万円と勘違いしたみたい。金銭感覚が麻痺していましたね」

資産管理を任せた遊び友だち

ヤフー・ジャパンの社長を退くと決め、カリフォルニアのコンテストに出かけるようになった井上は、そこに女性を同伴した。前妻と別れて付き合い始めた東京・麻布のプライベートサロンの店主、リカである。彼女の名前から「リカズ」と名付けられた井上のプライベートサロンは、箱根の別荘を建てる際、打ち合わせの拠点となってきた。井上が店の経営を任せ、多忙を極めるITビジネスから離れてフレンチやワインを楽しんだ。が、ハワイに移住した井上はそのプライベートサロンも閉じた。

井上はマスコミに対してはむろん、親しいヤフーの関係者にさえ私生活を明かさなかった。したがって恋愛についてもほとんど知られていない。

ヤフー・ジャパンの株式公開によって莫大な資産を手にし、ワインやミニカー、クラシックカーといった趣味に耽ってきた井上は、財産を管理する必要に迫られる。そのために資産管理会社「スニッチ」を設立した。井上自身が会社のオーナーとなり、みずほ銀行グループ出身のファイナンシャルプランナーに社長を任せてきた。リカズのリカをはじめ、さまざまな趣味を通じて知り合ってきた仲間たちを重役や顧問に据え、自らの資産を管理してもらった。その仲間の一人が、スニッチについて、以下のように説明してくれた。

「たとえば井上さんはミニカー収集の趣味で気の合ったアパレル業者をスニッチの役員にし、ミニカーの取引を任せてきました。もとはといえば、その人の奥さんとリカちゃんが高校時代の同級生だったそうです。奥さんとリカちゃんのどちらが先に井上さんと知り合ったのかわかりませんが、奥さんもスニッチで経理事務をしていました。とうぜんリカちゃんはスニッチでも特別扱いでしたね」

言ってみれば、趣味の遊び友だちに資産管理を任せていたわけだ。話をしてくれたこの友人は、井上やリカと三人でしばしば食事をし、ワインを楽しんできたという。

「二人はすごく仲がよかったけど、普通のカップルかといわれると、ちょっと違いました。井上さんは彼女をリカちゃんと呼んでいたけど、彼女は彼のことを『さま』と言っていた。井上とも言わずに『次のお酒、さまはどうされますか?』という感じ。要は井上さんに気を遣っていたのでしょう。井上さんはリカちゃんのために相当な投資をしていましたからね」

こうも言葉を加える。

「もとはといえばリカちゃんもアパレル関係の仕事をしていて、『レストラン経営をしてみたい』と井上さんに頼んだみたい。それで彼女に店を任せたと聞きました。リカズはフレンチに近い洒落た料理を出していました。けど、もともと素人です。うまくいくはずがありません」

井上のプライベートサロン「リカズ」は、毎月大赤字を出し、井上が赤字を補塡しながら経営を続けてきた。そのことで井上から相談された友人もいる。

「あるとき井上さんに東京の湯島のうどんすき屋さんに誘われましてね。『湯水のように赤字が出るので、リカズを止めたいんだよね。でもやっぱりリカちゃんに泣かれちゃうだろうな』と言う。それでいっとき僕が店を任されたのです」

箱根の別荘を売りに出し、活動の場を米国に移そうとした井上にとって、もはや国内のプライベート空間を維持する必要はなくなっていた。

「僕も料理屋をやっていた経験があるので、調理場へ入って若い料理人に教えたり、食材の無駄なんかを指摘したり、あるいは従業員のクビを切ったりしました。けど、なにしろ累積の赤字が億単位で積みあがっていましたから、もはや店じまいをするしかありませんでした。彼女には恨まれましたけど、仕方がありません」

その穴埋めをするかのように、井上はリカをクラシックカーの華やかな世界に誘った。井上は例年四月に開催されるカリフォルニア・ミッレ・ミリアの助手席に彼女を乗せ、レースにも出場してきた。道案内役である秋本もまた、二人いっしょのところをよく見かけたという。

「美人で背が高くてスタイル抜群、二人はとても仲睦まじく感じました。井上さんはコンテストで使われるゴルフ場のフェアウェイを革靴で歩き、足が疲れた、とよくこぼしていた。それで、『リカちゃんにマッサージしてもらえばどう?』と冷やかしたこともあるのですが、『そんなことしてくれる女性じゃないんです』と苦笑いしていましたね」

だが、井上が最後に乗っていたジャガーＳＳ１００の助手席に、彼女の姿はなかった。命を落としたクラシックカーレースでリカの代わりに井上の隣に座っていたのが、日本人の若手女子プロゴルファーの玉塚恋（仮名）である。井上とは親子ほど年齢が離れている三〇前後だ。井上は最初の夫人と離婚したあと、何人かの女性と付き合ってきた。

そしてくだんのレースの少し前、ハワイに住んでいた恋と出会う。ひょっとしてハワイに住み始め、ゴルフを始めようとしていたのだろうか。何人かのヤフー関係者に尋ねてみた。

「井上さんがゴルフを始めたなんて、一度も聞いたことがありません。ゴルフは孫さんがものすごく凝って、自宅に本格的なシミュレーションゴルフの練習場をつくるほどでした。だから、井上さんは『ゴルフをすると、休日まで孫さんと付き合わなければならなくなるので、ぜったいにしない』と常々言っていました」

ハワイのコンドミニアムまで押しかけた松本でさえ、彼女の存在はおろかゴルフのことすら知らなかった。

終章
天才の死

二〇一七年四月、
井上の事故時の写真

アイドル顔のゴルファー

福岡県生まれの玉塚恋は、還暦を迎えた井上とは倍近くの年齢差がある。県内で有名な名門私立高校のゴルフ部で腕を磨き、プロテストに合格した。もっともツアープロゴルファーへの道は険しく、多くの若手プロ同様、なかなかトーナメントへの出場機会に恵まれなかった。

常夏の島で練習を積みながら、トーナメントへの出場チャンスをつかもうとしたのだろう。恋は生まれ故郷の九州からハワイ・オアフ島に移り住んだ。トレーニングを積みながら、日本人観光客などを相手にゴルフを手ほどきするため、地元でゴルフ教室を開いた。

いわゆるレッスンプロとして二〇一五年五月、ホノルルにオフィス「REN」(仮名)を設立する。それは奇しくも井上がハワイに常住しようとしていた時期と重なる。二人はこの頃出会ったのだろう。井上自身はゴルフをしない。ハワイでコンドミニアムを物色していた時期にホノルルの不動産業者の紹介で彼女と知り合ったという。

知り合ってから二年、井上は彼女を誘って二〇一七年四月のカリフォルニア・ミッレ・ミリアに出場した。そしてレースの途中でクラッシュし、命を落としてしまう。

むろん助手席の恋も大怪我をして地元の救急病院に運ばれたが、辛うじて一命をとりとめた。井上の最期はどんな様子だったのか。それを知るべく、ホノルルのオフィス「REN」を訪ねてみた。

恋はスーパーマーケットの隣にあるビルの一部屋を事務所として借りていたという。電話番号と住所を調べると、RENはワイキキビーチからやや内陸部に入ったオフィス街にあった。オフィスに電話をかけてもすでに使われていない。直接オフィスを訪ね、インターフォンを鳴らした。

「RENはもうありません。私たちはそのあとにここでオフィスを借りたので、何も知りません」

インターフォン越しに米国人がそう答えるのみだ。失意の恋はすでにハワイをあとにし、生まれ故郷の九州に帰っていた。


福岡県にある彼女の実家は、県内で産業廃棄物処理業を手掛ける傍ら、博多の中心街でお好み焼き屋を営んでいる。恋はその両親を頼り、実家に戻っていた。そこへ何度か足を運び、父親の経営するお好み焼き屋で、営業前にようやく当人と会うことができた。

身長一五〇センチ台半ばくらいだろうか。小柄でスレンダーな身体は、プロゴルファーとは思えないほどか細い。若いアイドル歌手のような可愛らしい顔立ちをしている。

「ときどきお店を手伝っているのですけど、まだ身体の調子が悪いので毎日は無理なんです」

小さな声を絞り出すようにそう話した。

「身体のことよりも、まだあのときのショックが大きすぎて……。思い出すと胸が張り裂けそうになって苦しいんです。だから、どうかそっとしておいてください」

そう言って伏せた目から涙がこぼれた。

南国の楽園で出会った井上と恋は、プライベートジェットでサンフランシスコに向かい、カリフォルニア・ミッレ・ミリアやペブルビーチ・コンクール・デレガンスに参加してきた。ふたりの付き合いは、せいぜい二年足らずと長くはなかった。

短くとも彼女にとってその優美で華やかなひと時は、まさに夢のような体験だったに違いない。しかし、はかなく楽しい瞬間が、今となっては思い出すのもおぞましい悪夢に変わっている。

日本のインターネット産業をつくりあげた井上雅博が、生涯の幕を閉じた夢の舞台とは、どんな風景だったのだろうか。カリフォルニアのクラシックカーレースとコンテストを改めてたどった。

まるで高級リゾートエリア

サンフランシスコ国際空港から車で二時間ほど北上すると、そのゲートがあった。アーチ状の門に、「ＢＬＡＣＫＨＡＷＫ」という文字が刻まれている。同じ名称は米陸軍の戦闘ヘリや競走馬にも使われているが、むろんまったくの別ものだ。

井上は車好きにとって憧れのこのクラシックカーディーラー、ブラックホークに毎年足を運んできた。ゲートを見る限り、そこは高級リゾートエリアの玄関口のように感じる。門番に誰何《すいか》されている。目的地を告げたあと、なだらかな坂道を上っていくと、実際両脇にゴルフ場や別荘が点在している。さらにブランド店が軒を連ねるショッピング通りを通過し、頂上に目指すオフィスがあった。ドン・ウィリアムズとケネス・ベーリングが創業したブラックホークの本社だ。そこにはポリスボックスも併設されていた。街全体がブラックホークであり、地名にもなっている。

だが、本社オフィスはシャッターが下り、インターフォンを鳴らしても、応答がない。交番も無人だ。やむなく、しばらく待っていると、大型のSUV車がやって来た。

「何か用かね。オー、あなたたちは日本人か。今日は週末のペブルビーチの準備でスタッフは全員出払っているよ」

SUV車から降りてきた初老の男は、創業者ケネス・ベーリングの運転手を務めてきたビルだ。ブラックホークを訪ねたのは、ペブルビーチ・コンクール・デレガンスの二日前にあたる二〇一九年八月一六日だった。

「私のボス、ケネスが六月に亡くなって葬式を済ませたばかりなんだ。そこへモントレーの準備があるから、みな大忙しだよ。なにしろペブルビーチのコンテストは世界中からたくさんセレブリティがやって来るからね。コメディアンのジェイ・レノも参加してイベントを盛りあげるんだ。今年のペブルビーチには、ドンが持っている五台を出品している」

この年のクラシックカーの祭典「モントレー・カー・ウィーク2019」では、ハイライトのペブルビーチ・コンクール・デレガンスの前日までに六つのオークションが開催された。恒例のオークションでは、世界の大金持ちが名車を競り合う。

「今年のオークションの目玉は、ポルシェだよ。製造第一号車が出品されるから、大勢の人が集まるだろう。でも、とても個人では高くて買えないよ」

カリフォルニアの強い日差しを浴びながら、ビルが白い歯を見せる。

「ケネスは中古車販売で身を立て、ウィスコンシン州で不動産ビジネスを始めた。そこからフロリダ州に移って八万五〇〇〇人が住む街の開発をしたんだ。そしてカリフォルニアにやって来てカー・ブローカーのドンと出会った。二人でクラシックカーオークションを始め、五〇〇台ほどの車を売って大儲けしたんだ」

七〇歳ぐらいだろうか、ビルは自分自身の手柄話のようにそう自慢した。

「一度に何百万ドルという規模のビジネスをしてきたボスは、サウスウェスト航空が使っているのと同じ大型機をプライベートジェットにしている。ものすごい遺産があるので、それを把握するだけで大変だよ。ここには、ブラックホーク・ミュージアムもある。初めはクラシックカーだけを展示してたけど、今は動物の剝製もあるよ。車は七〇台ほど、ぜひ見てくれよ」

騒然となったオークション会場

ブラックホーク・ミュージアムは、ブランド店の並ぶショッピング通りのそばにあった。大きなアフリカ象のモニュメントが客を出迎え、一階にクラシックカー、二階はバッファローなどの動物の剝製が展示されている。ミュージアムのガイドに井上のことを聞いてみた。

「オー、ミスターイノウエ、よく知っています。このミュージアムには、何度もいらっしゃっていました。来られるときはたいていお一人、車を真剣な目でじっと眺めていた姿を覚えています。え、事故？　それは知りません」

井上は世界のセレブの一人として、ブラックホーク・ミュージアムにも足しげく通っていたというが、同伴していた女性のことは口を閉ざす。

ブラックホークを訪ねた二日後の八月一八日、コンテスト会場となったモントレーのペブルビーチゴルフリンクスに向かった。海沿いの一八番ホールのフェアウェイには、見たこともないような二〇〇台の古いヴィンテージカーが並び、世界中から集まったセレブで溢れている。蝶ネクタイを締めている係員を呼び止め、注目のポルシェの一件について聞いてみた。

「そうそう、昨日のサザビーズのオークションで評判になりました。出品されたのは、一九三九年にフェルディナンド・ポルシェによって製造された最も古い三台のうちの一台です。オークション開始前から二〇〇〇万ドル（二二億円）以上の買値がつくと予想されていました」

ポルシェの第一号車はペブルビーチ・コンクール・デレガンス会場に展示されていなかったが、係員はオークションを目撃したのだろう。かなり興奮気味に話す。

「ところがですね、なんとそのポルシェのオークションが中止になってしまったのです。それは参加者の一人がいきなり三〇〇〇万ドル（三三億円）の値段をつけたから。伝統あるオークションでは、現金を積めばそれで競り落とせるものではないのです。適切な入札手順があって、最低入札価格から徐々に競っていかなければならない。なのに、初めから三〇〇〇万ドルですから、会場が騒然となりました。一時は参加者たちがもみ合いになったほどです」

もともとモントレーのカーオークションは、リック・コールという実業家が始めた「モントレー・スポーツカー・オークション」が嚆矢《こうし》だとされる。それを含め、ニューポートやパームスプリングス、ラスベガスなど西海岸各地のオークションを取りまとめて一本化したのが、ブラックホークだ。ドン・ウィリアムズとケネス・ベーリングが、「ジ・オークション」という会社を設立した。現在のブラックホークはオークションそのものから手を引き、代わってサザビーズなどが開催している。そのモントレー・カー・ウィークの六オークションで競り落とされた車の総額は、実に二億四五〇〇万ドル（二七〇億円）だと推定されている。

なお、唐突な高値の応札で取引そのものをやめてしまったとされる先のポルシェの第一号車については、後日談がある。実はオークションが始まり、オランダ人の競売人が入札価格を英語で発表したところ、機械がそれを聞き取り違えた。それがトラブルの原因なのだという。

井上はそんなカリフォルニアのクラシックカーの祭典のため、毎年四月と八月になるとハワイから駆け付けてきた。

「コレクターたちは皆そうですが、井上さんもモントレーへ来るときは、プライベートジェットでしたね。彼らが集まると、飛行機の話題になる。『今度、新しいやつを買ったけど、おまえのより三分早く着くぞ』とか、『いや俺のは、一〇分早いぞ』とか……。コレクターのプライベートジェットのせいで、ローカルなモントレー・エアポートは、他の機体が駐機できず、飛行機渋滞が起きるほどです」

車の指南役である秋本はそう笑う。井上はまさに世界のコレクターに仲間入りしてきた。しかし、その究極の車道楽が命を奪う結果になるとは、誰もが予想できなかったに違いない。

井上の最期となったのは二〇一七年四月二四日から二七日にかけた四日間の耐久レースだった。それから二年四ヵ月経た一九年八月一七日、私もそのコースをドライブしてみた。

最期の四日間

カリフォルニア・ミッレ・ミリアのレースコースは毎年変わり一般公開されないが、スタート地点だけはサンフランシスコのフェアモント・ホテルと決まっている。一九六八年に公開されたスティーブ・マックイーン主演の映画『ブリット』で有名になった急斜面の頂上にあるそのホテルから、レースが始まる。

一七年のレースの出場は、一九年と同じ七〇台だった。ホテル正面からノブ・ヒルのグレース大聖堂の前を通過し、一五分ほど走ると、サンフランシスコ湾と太平洋が接する海峡に架かる真っ赤な吊り橋が見えてくる。全長二七三七メートルの金門橋（ゴールデン・ゲート・ブリッジ）だ。

われわれが通った日はたまたま土曜日だったため、橋の休憩所が観光客で混みあい、思い思いに記念写真を撮っている。それを眺めながら、しばらく車を走らせると、北カリフォルニアの広大な丘陵地帯に出た。田舎道はミル・バレーと呼ばれる峡谷付近から、太平洋の海岸沿いと丘陵の裏道に分かれる。

ミッレ・ミリアレースでは、出場者がカリフォルニア州ハイウェイ・パトロール（ＣＨＰ）にエスコートされ、ナパやソノマといったワイナリーの丘陵地域を縫うようにして走る。さらに北カリフォルニアのシエラ・ネバダの山々、そして世界最大の樹高を誇るレッドウッド（セコイア）の原生森林地域を越えなければならない。

悲劇が起きたのは、レース二日目の四月二五日のことだ。井上と恋を乗せた一九三九年型の白いジャガーが、ミル・バレーから海沿いのハイウェイ（州道）一号線を北上し、セコイアの森に分け入った。サンフランシスコ中心部から二一〇キロ離れたその森が事故現場となる。CHPによると、

〈午後二時半頃、ナヴァロ付近のハイウェイ一二八を東に向かって走行していた。理由は不明だが、車は道路から外れて土と草がある路肩を走行し、大木に激突した〉

われわれは地元紙「The Press Democrat」に書いてある事故地点を目指し、内陸の国道一〇一号線を北上した。サンタローザやウィンザーの市街地を通り過ぎ、退役軍人施設のあるクローバーデールという小さな街を抜けると、その州道一二八号線に入る。

一二八号線はワインロードと呼ばれるほど、ワイナリーが多い。見渡す限りのぶどう畑の長閑な田園風景が広がり、レース参加者の中にはワイナリーに立ち寄りながら、運転する者も少なくないという。そこで、試しにワイナリーの一つに寄ってみた。

美人のソムリエに聞くと、ワインの試飲は無料、海外のワイン業者が大勢買い付けに来るという。アップダウンの激しいその田園風景の道を二時間ほどドライブしたあと、いよいよセコイアの森林に潜り込んだ。するとそれまでの長閑な風景がガラリと変わった。

セコイアの巨木が上空を覆い、直射日光が届かない。原生林の生えているそこは「ナヴァロリバー・レッドウッド州立公園」に指定され、巨木が雑音を吸い込み、静寂が支配している。カリフォルニア特有の乾いた空気ではなく、しっとりとした湿り気を感じる。

巨木に光を遮られた幅五メートルほどの片側一車線はカーブがきつく、けっこう暗い。それで

いてときおり強い太陽の光が樹木のあいだから眩しく差し込む。ドライバーは運転しづらいと不満を漏らした。

井上のジャガーが大破したのは、まさにそんな難所だった。見通しのいい太平洋沿いの州道一号線から一二八号線に入り、二〇キロほど走った地点だ。曲がりくねった山道を二〇分ほど走った。そこに事故現場がある。

車から降り、聳えたつ樹木の前に立ってみた。井上の運転するジャガーはコントロールを失ったのだろう。車体が直径三メートルの巨木に激突していた。ジャガーを押しつぶした巨木の傷跡が、二年半経ってなお消えず生々しい。思わず線香を焚《た》き、手を合わせた。

日本のインターネット産業を立ち上げた男は、唐突にビジネスから身を引き、子供の頃から憧れた趣味に没頭してきた。

そうして六〇歳の誕生日を迎えた。そのわずか二ヵ月後の二〇一七年四月二五日、人生の幕を閉じた。文字どおり、不慮の死という以外にない若すぎる遠行《えんこう》である。

還暦を過ぎたばかりでヤフーを去った井上は、ビジネス界に復帰するつもりがなかったのだろうか。車の世界の案内人である秋本はこう言った。

「まだ井上さんがヤフーの社長をしている頃、『僕がお金を出すから、いっしょに自動車のビジネスをやりませんか』と彼から誘われたことがありました。むろん断りましたが、井上さんは『それならヤフーで自動車部を作ってやってみようかな』ともつぶやいていた」

亡くなる前、井上は秋本にこう口にした。

「僕には名刺がないからね、やっぱり必要かな」

ビジネスに対する未練はあった。

仕事は遊びの延長

天才とは、蝶を追いかけて山の頂まで登ってしまう小さな子供のことである――。映画『エデンの東』の原作者でモントレー生まれのノーベル賞作家、ジョン・スタインベックの寸言である。スタインベックはヤフー・インクのジェリー・ヤンやデビッド・ファイロと同じスタンフォード大の英文科を中退している。

井上雅博は、まさにスタインベックの表現したその〝天才〟に近い。パソコンやインターネットに魅せられ、日本のＩＴビジネスの頂点に駆けのぼった。ヤフー・ジャパンの後継社長となった宮坂学が「インターネット業を興した産業家」と評し、現社長の川邊健太郎が「日本で最も成功したサラリーマン」と称えたように、ＩＴビジネスの世界で大成功をおさめたのは疑いようがない。

しかし、井上の歩みは過去多くの企業経営者たちが成し遂げてきた成功物語とも異なる。特異な環境に育ち、生まれもった才能に恵まれて、成りあがったわけではない。特殊な育ち方をしたわけでもない平凡な男が、ＩＴ業界のカリスマとなった。そんな印象すらある。

日本が高度経済成長に向かおうとしていた一九五〇年代後半、マンモス公団に生まれた井上は、ある意味、この時代に多く見られた典型的な日本庶民の家庭に育った。将来を嘱望されるエリートの通う高校や大学を卒業したわけではない。少しばかり戦後の貧しさを引きずりながら、誰もが抱く豊かさへの憧憬を胸に秘めて大人になった。

ごく普通の庶民が、長じるにつれ、その才能を開花させたというほかない。生まれながらの資質ではないかもしれないが、ヤフー時代の振る舞いはまさに天才のそれである。

人生の転機は大学時代、パソコン開発のパイオニアであるソードとの出会いだった。PCに夢中になり、遊びの延長として仕事をとらえるようになる。わけてもヤフーに転じてからは、インターネットを追いかけ、そのビジネスが想像以上にうまくいく。その姿は有能なビジネスマンというより、オタクという表現が適当だろう。

井上はヤフー最大のユーザーを自任していた。それがゆえに日本で最も使い勝手のいいポータルサイトづくりを実現できた、とヤフーの幹部社員たちの誰もが言う。井上には、仕事と趣味の境界線がなかった。

「ヤフーで自動車部をつくってビジネスにしようかな」

井上はヤフーの社長として、クラシックカーコレクションの師匠である秋本にそう提案した。むろん秋本はそれを一蹴した。

「クラシックカーを輸入したり、国内で売買するビジネスを始めようと考えたのでしょうけど、そんなに甘いものではありませんからね。『やれるものなら、やってごらんよ』と突き放しました」

ヤフー自動車部の事業計画は実現しなかったが、ヤフー社内で似たようなこともやった。ヤフーショッピングを立ち上げ、一時は自らそこでミニカーを買い漁ってきた。ヤフーショッピングやヤフーオークションで、ミニカーのコレクター相手の取引をビジネス展開できないか、と計画した時期まであったという。だが、ヤフーショッピングでは、コレクターである井上自身が満足いくミニカーを集められなかった。そのせいでこの計画も断念した。

ヤフーの社長室では、SF漫画やガンダムのプラモデル作りに夢中になってきた。井上にとっては、ITビジネスも趣味の延長だった。仕事と趣味で、関心にさほどの違いはない。だからこそ、ヤフーの経営に関心を失ってからは、別荘づくりに熱中し、極上のワインや車を追い求めたのだろう。

井上がITビジネスにおける自分自身の限界を悟り、個人の趣味に走った行為をひと言で片づけるとすれば、オタク性の帰結というほかない。天才であるがゆえ夢から離れられず、次の夢を追いかけてきた。まさに子供の頃から抱いてきた夢路をたどり、そのまま命を落としてしまったのである。

天才ゆえの不幸

聞いたこともないベンチャー企業が、いきなり株式市場に躍り出て世界経済を席巻する。アップルのマッキントッシュをまねたマイクロソフトのウィンドウズ95が出現した一九九〇年代半ば、新たな時代が幕を開けた。産業のコメが石油から半導体、さらにインターネットにシフトした瞬間でもあった。

ＩＴ技術を競い合う新興企業は、情報・通信のみならず、金融や物流、Ｅコマースと呼ばれる電子商取引へとビジネスの裾野を広げていった。さらにＩＴ先進国の米国では、大手の新聞社や雑誌社が紙媒体を捨て去り、デジタル版のネットメディアに変貌していった。ワシントンポストやニューヨークタイムズ、ウォールストリートジャーナルといった名だたるマスメディアは、いまやＩＴ企業と呼んでも差し支えあるまい。

一口にＩＴ関連企業といっても、それぞれ事業のあり様は異なる。大きく分ければ、テクノロジー型企業とメディア型企業となるだろうか。前者の代表が検索エンジン技術を磨いたグーグルであり、後者がヤフー・インクやネットフリックス、それから米国の新聞や雑誌などだ。

インターネット黎明期のＩＴバブルが二〇〇〇年前後に消し飛んだのち、米国の各企業はテクノロジー型とメディア型のどちらの道を選ぶか、その選択問題に直面し、多くが淘汰されていく。そして井上はメディア型企業を目指した米ヤフー・インクの失墜を目の当たりにした。

何度も述べてきたが、ヤフートピックス（ヤフトピ）と称し、トップページに新聞の主要ニュースを選んで並べてきたヤフー・ジャパンは、米国の物まねに過ぎない。無料でニュースを見ながら、不明な言葉があれば検索エンジンを使って調べる。無料と便利さがうけ、日本でも爆発的にユーザーを獲得していった。

六七〇〇万人という膨大なユーザーを獲得できたのは、井上の力だけではない。検索サイトのパイオニアであるいわば先行者の強みがあったからだ。

しかし、そんな幸せな時代は過ぎ去ってしまった。検索技術ではグーグルに敵わない。井上はこの先、メディア型になるか、テクノロジー型になるか、という選択を迫られた。そこで米ヤフー・インクとは違う道を歩もうとした。

井上はトップページにニューストピックスを並べるポータル（玄関）サイトとしての強みでそこを乗り切ろうとした。おまけに検索エンジンをグーグルに替えるという離れ業まで使った。それが功を奏し、日本のヤフーだけが生き残った。それどころか、ヤフーは今なお、国内ＩＴ業界のトップ企業として君臨し、一兆円近い年間売り上げはＮＨＫの受信料や読売新聞の年商をはるかに超える。

ヤフーのトップページには、新聞社や通信社だけでなく、大手週刊誌の記事までが掲載される。ヤフーと提携している既存メディアは記事の掲載料金を受け取っているが、それよりむしろ記事がヤフーに載ると喜ぶ。

「新聞はもちろん、今では週刊誌もウェブ記事をつくり、それらの記事がヤフトピやトップページに載る。すると、ネットユーザーがヤフトピから自分たちのサイトに飛んで来て記事を閲覧してくれる。しぜん記事のＰＶ（ページビュー・閲覧回数）が跳ね上がります。ＰＶは広告料に反映されますから、ヤフー好みの記事を目指して誌面をつくるわけです」

某大手週刊誌のデスクは自らのデジタル対応のあり様についてそう解説した。いまやヤフーはまるでＩＴ、ウェブサイトビジネスの盟主として、既存のメディアを睥睨《へいげい》しているといったら大袈裟だろうか。

しかし、それもそろそろ限界に近付いている。

井上の去ったあとヤフーは、自らもメディア色を強めてきた。たとえばヤフーニュースの中に「個人」という欄を設け、フリーランスの書き手が記事を掲載している。この試みについて、ヤフー草創期の編集長、影山工は懐疑的だ。

「ヤフーニュース個人などはメディア色を出そうとしている一つでしょう。でもこれ以上やると、失敗すると思います。自分たちの制作した記事をトピックスに掲載されるよう、優先的に目立たせることもできる。そうなると、記事を提供してくれる他のメディアはよく思わない」

ヤフーが独自の記事を発信すれば、必然的に新聞や雑誌とぶつかり合う。これまで井上が提携先である新聞やスポーツ紙と競合しないよう、記事の紹介だけにとどめてきたのは、そこを恐れてきたためだ。しかし換言すれば、それは同じ報道の土俵に立てば、新聞や雑誌に敵わないと自覚してきたからにほかならない。

つまるところヤフーは他人の褌《ふんどし》で相撲を取ってきたに過ぎない。それでもなお、他のマスコミはヤフーに気遣い、あたかもヤフーの気に入る記事づくりを目指している。なぜだろうか。

ことウェブサイトの運営という点でいえば、新聞、雑誌問わず、日本の既存メディアは、欧米に比べてずいぶん立ち遅れている。その原因は危機感の欠如といえる。

米国のメディア危機はIT企業の台頭を許した二〇〇〇年代初頭に始まった。米国内の日刊、週刊新聞の広告収入が落ち、発行部数も右肩下がりに減った。〇四年に一億二二〇〇万部あった全米七一〇〇紙の総部数が、一八年までの一五年間で七三〇〇万部に激減。とりわけ売り上げや部数を減らした時期がリーマンショックの〇八年あたりだ。

名門ニューヨークタイムズは、〇八年に二〇億ドル近くあった売り上げが一六億ドル足らずに落ち込む。またワシントンポストはこの時期に経営難に陥り、一三年にはアマゾンCEOのジェフ・ベゾスに新聞部門を身売りする。

そして新たなオーナーの下、全米の大手メディアが、紙媒体からウェブのデジタル版に発行形態を切り替えていった。結果、ニューヨークタイムズやワシントンポストは、黒字を弾き出すようになるのである。ワシントンポストは、GAFAと呼ばれる米四大IT企業の一角、アマゾン社主の力を借り立ち直った。メリットはワシントンポストだけではない。ベゾスもまた新聞というメディアの魅力と重要性を感じ取っているから出資したのだろう。また米ヤフーを駆逐したグーグルやフェイスブックも、昨今はニュースに力を入れ、充実させてきた。

投資会社の〝財布〟

IT企業の台頭に押されっぱなしだった米大手新聞が、なぜ復活できたのか。それはやはり記事の中身の充実というほかない。インターネットそのものは、しょせん情報を運ぶ伝達ツールに過ぎない。紙媒体よりたいそう便利にはなった。が、要はそこで何を伝えるか、それこそがメディアの価値を決める。そうして報道機関としての強みを発揮したのがワシントンポストやニューヨークタイムズだった。両紙がトランプ大統領批判などで異彩を放ち、いったん離れた読者を再び獲得していったのは、周知のとおりである。

かたや日本の大手新聞や雑誌業界はどうかといえば、どちらも発行部数は米国と同じく右肩下がりだ。日刊紙の発行部数は〇四年の四七五〇万部を一八年には三六八〇万部に減らしている。その割に危機感が薄い。大手新聞社や出版社は都心の不動産をもっているおかげで、部数が激減しても、デジタル対応に本腰が入らなかった。

そして皮肉にも、ヤフー・ジャパンは日本の既存メディアが立ち遅れたせいで救われてきた。しかし、この先頭打ちになるのは孫正義自身も承知しているのだろう。情報は無料ではない。そんな当たり前の理屈にメディアが気づき、新聞各社が自社の課金サイトに力を入れ始めている。先頃、ヤフーがＬＩＮＥとの統合に乗り出したのも、危機感の裏返しといえる。奇しくも現社長の川邊健太郎が言った。

「ヤフーはすべて井上さんがつくったサービスなんです。それを宮坂さんと僕がお預かりしただけ。スマートフォンの世界で会社をより大きくできるかっていうぐらいの感じ。井上さんはろくでもないかつての部下に任しているので、心配でしょうから、アドバイスをいただきたいと思ってきました。でも、それも叶わなくなりました」

井上時代のヤフーとソフトバンクは、それぞれグループ内で独立した対等の企業として存在してきた。それが一九年にソフトバンクの子会社になり、さらにファッション通販のＺＯＺＯを四〇〇〇億円で買収した。グループの総帥孫正義は、ヤフーの親会社となったソフトバンクそのものを投資会社と位置付ける。かつて日本でインターネット産業を拓いたヤフーが、いまや稀代のギャンブラーの〝財布〟として扱われているだけのように思えてならない。井上という〝天才〟を得て成長してきたソフトバンクグループはついにその投資の失敗により、今年、一兆三五〇〇億円という巨大な営業赤字に陥ってしまった。二〇〇〇年に中国のアリババに投資したおかげで何とか持ちこたえている。だが、井上雅博のいないこの先、苦境を乗り切れるだろうか。

井上雅博、ヤフー・ジャパン 関連年表

57年2月 東京で生まれる。世田谷・祖師谷団地で育つ
63年4月 世田谷区立祖師谷小学校に入学。同校の卒業生には、みのもんた、田村正和、坂本龍一などがいる
69年4月 世田谷区立船橋中学校に入学
72年4月 東京都立松原高校に入学
75年4月 東京理科大学理学部に入学。自動車部に入る
79年3月 東京理科大学理学部数学科卒業
79年4月 「ソード電算機システム」に入社
83年6月 ゲーム用パソコン向けのソフトウェアの規格で、ソードとソフトバンクが連合を組む。井上と孫正義の接点が生まれる
87年11月 「ソフトバンク総合研究所」に契約社員として入社する
92年6月 ソフトバンク本体に異動する
94年1月 ソフトバンクの社長室・秘書室長に就任
95年4月 孫とともにネット関連企業などの買収交渉に奔走。同年11月、ヤフー・インクへの出資を決める。同年12月には井上がジェリー・ヤンたちとの交渉に赴く
96年1月 「ヤフー・ジャパン」が設立される

世の中の動き

57年10月 ソ連が世界初の人工衛星「スプートニク」の打ち上げ成功
70年4月 椎名堯慶が、PCベンチャー「ソード」を立ち上げる
75年4月 ビル・ゲイツが「マイクロソフト」を設立
76年4月 スティーブ・ジョブズが「アップル」を立ち上げる
77年5月 アップルが「ＡｐｐｌｅⅡ」を発売し、大成功を収める
83年7月 任天堂が「ファミリーコンピュータ」を発売
84年 日本におけるパソコンの出荷台数が初めて年間１００万台を突破
91年8月 欧州原子核研究機構が世界初のウェブサイトを公開する
94年7月 ジェフ・ベゾスが「アマゾン」を創業
95年3月 ジェリー・ヤンとデビッド・ファイロが「ヤフー・インク」を設立する。同年8月、マイクロソフトから「Ｗｉｎｄｏｗｓ95」が発売される

99年9月　「ヤフーショッピング」「ヤフーオークション」がスタート
00年1月　ヤフーの株価が1億円を突破する
01年9月　ソフトバンクが「ヤフーＢＢ」をスタートさせる
02年7月　井上が自身の資産管理会社を設立する
03年9月　箱根に別荘用地を購入する。同年10月、ヤフーが東証一部に上場する
04年10月　ヤフー・ジャパンのアクセス数が1日10億ページビューを突破
05年4月　箱根の別荘の建設（第一期工事）が完了する
06年3月　ソフトバンクがボーダフォン日本法人を買収
07年8月　箱根の別荘の建設（第二期工事）が完了する
12年6月　井上がヤフー・ジャパン社長を退任する。後任に宮坂学が就く
17年4月　「カリフォルニア・ミッレ・ミリア」に出場している最中に事故で死去
18年6月　宮坂学がヤフー・ジャパン社長を退任する。後任に川邊健太郎が就く
19年5月　ソフトバンクがヤフーを連結子会社化すると発表。同年9月には、ヤフーが「ＺＯＺＯ」を買収するとも発表した

98年9月　ラリー・ペイジらが「グーグル」を創業する
99年2月　ＮＴＴドコモが「ｉモード」を開始
00年3月　ネット関連銘柄が次々と大幅に値を下げ、「ネットバブル」が終わりを告げる
04年2月　「フェイスブック」が誕生する
05年2月　「ユーチューブ」がサービスを開始する
07年1月　アップルから「ｉＰｈｏｎｅ」が発表される
08年11月　ヤフー・インクが全従業員の1割を超える約１５００人を解雇し、ジェリー・ヤンがＣＥＯを辞任する
11年10月　スティーブ・ジョブズが他界する
17年6月　ヤフー・インクが米通信大手「ベライゾン・コミュニケーションズ」に大半の事業を売却する

参考文献

※編著者名五十音順

・石川好『孫正義が、吹く　デジタル情報革命の伝道師』東洋経済新報社、1997年
・井上篤夫『事を成す　孫正義の新30年ビジョン』実業之日本社、2010年
・井上篤夫『志高く　孫正義正伝　新版』実業之日本社、2015年
・大下英治『孫正義　起業の若き獅子』講談社、1999年
・大下英治『孫正義　掟破りの決断』講談社、2000年
・大下英治『孫正義　世界20億人覇権の野望』ベストセラーズ、2009年
・大下英治『巨頭　孫正義　ソフトバンク最強経営戦略』イースト・プレス、2012年
・菊池雅志『孫正義が語らない　ソフトバンクの深層』光文社、2010年
・児玉博『幻想曲　孫正義とソフトバンクの過去・今・未来』日経BP社、2005年
・佐野眞一『あんぽん　孫正義伝』小学館、2012年
・実業之日本社編『YAHOO! JAPAN全仕事　現場200人に聞く、過去→現在→未来』実業之日本社、2017年
・嶋聡『孫正義の参謀　ソフトバンク社長室長3000日』東洋経済新報社、2015年
・下山進『2050年のメディア』文藝春秋、2019年
・杉本貴司『孫正義　300年王国への野望』日本経済新聞出版社、2017年

・ソフトバンク新30年ビジョン制作委員会編『ソフトバンク新30年ビジョン』ソフトバンククリエイティブ、２０１０年
・滝田誠一郎『孫正義　インターネット財閥経営』日本経済新聞出版社、２０１１年
・津久居樹里『孫正義　平成の龍馬伝説　恩人たちが語る孫正義の素顔』現文メディア、２０１１年
・浜辺真紀子『ヤフージャパン　市場との対話　20年間で時価総額50億円を３兆円に成長させたヤフーの戦略』徳間書店、２０１８年
・松本幸夫『孫正義の流儀』総合法令出版、２０１１年
・宮内剛男『椎名堯慶のマイコンウォーズ　ソードに賭ける男たち』プレジデント社、１９８２年
・村上龍著・テレビ東京報道局編『カンブリア宮殿〈特別版〉村上龍×孫正義』日本経済新聞出版社、２０１０年
・村沢高志『ソフトバンク・孫正義の野望と不安』あっぷる出版社、１９９６年
・山田俊浩『稀代の勝負師　孫正義の将来』東洋経済新報社、２０００年
・吉田晃一『内部告発　ソフトバンク・歪んだ経営』エール出版社、１９９７年
・吉田司・アエラ取材班『孫正義は倒れない』朝日新聞社、２００１年

＊本書は「週刊現代」二〇一九年三月二三日号から
同年一二月二八日・二〇二〇年一月四日合併号まで
連載された「なりもの」に新たな取材を加え、
大幅に加筆・修正したものです。

森功（もり・いさお）
一九六一年、福岡県生まれ。ノンフィクション作家。
岡山大学文学部卒業後、伊勢新聞社、
「週刊新潮」編集部などを経て、二〇〇三年に独立。
二〇〇八年、二〇〇九年に二年連続で
「編集者が選ぶ雑誌ジャーナリズム賞作品賞」を受賞。
二〇一八年には『悪だくみ「加計学園」の悲願を叶えた総理の欺瞞』で
大宅壮一メモリアル日本ノンフィクション大賞受賞。
『地面師 他人の土地を売り飛ばす闇の詐欺集団』
『官邸官僚 安倍一強を支えた側近政治の罪』など、著書多数。

ならずもの 井上雅博伝《いのうえまさひろでん》——ヤフーを作《つく》った男《おとこ》

二〇二〇年五月二七日 第一刷発行

著者 森《もり》 功《いさお》

発行者 渡瀬昌彦

発行所 株式会社講談社

東京都文京区音羽二-一二-二一 郵便番号一一二-八〇〇一

電話 編集〇三-五三九五-三四三八

販売〇三-五三九五-四四一五

業務〇三-五三九五-三六一五

印刷所 株式会社新藤慶昌堂

製本所 大口製本印刷株式会社

ISBN978-4-06-520280-7 N.D.C.916 286p 20cm